Die anderen sind Dichter

Von Eeva Karabay

und Steve Frontera

Impressum

Verlag: BoD · Books on Demand GmbH,
In de Tarpen 42, 22848 Norderstedt, bod@bod.de
Druck: Libri Plureos GmbH, Friedensallee 273,
22763 Hamburg

ISBN: 978-3-7693-1753-4

Alle Bilder und Gedichte bis Seite 46 von Eeva
Karabay

Geschichten und Poesie von Steve Frontera

Team Steeva, Neusäß

www.stevefrontera.de

Frau Suvi

Frau Suvi kann nicht schlafen
Schon lange nicht mehr
Sie hat viel Arbeit und Schulden
Woher soll das Geld kommen, fragt sie jeden Tag
Vielleicht weiß es ein Spatz oder ein Hecht
Das ist doch egal

Barfuß steht sie vor dem Haus
Es wird hell
Sie muss stark blinzeln und kann fast nichts sehen
Der frische Wind vom See kühlt ihren Kopf, und tut nicht
weh
Unter dem Apfelbaum ist es gut zu sitzen
Und man kann die Einsamkeit ein wenig nutzen

Der Himmel ist schon blau
Die Schäfchenwolken gleiten so dahin
Bis ein Kuckuck, der Waldesbarde, ihr viele gute Jahre
wünscht
Jetzt ist sie wieder wach und sieht die ganze
Blütenbracht, die gerade aufwacht.
Und plötzlich hat sie Lust einen Kranz zu binden,
und es gar nicht verrückt zu finden

Es sind doch viele Blumen da
schnell hat sie einen Kranz in Hand
So tanzt auf der Wiese eine Frau und singt enthemmt
Barfuß und im kurzen Hemd

Die Kinder stehen noch verschlafen auf den Stufen, hört man rufen
Schau Papa, die Mama tanzt mit einem Kranz in Haar
Da machen wir mit, na klar! Bald hüpft und tanzt die ganze Schar
Und die Libellen als Diskokugeln
Hurra, Hurra
Da wundern sich die Fliegen und die Mäuse
Die Menschen haben eine Meise
Eine Meise legt einen Einspruch ein:
So verrückt sind wir nicht-oh- nein oh nein

Es reicht der Schar nicht das Grasparkett
In Wasser ist es bestimmt auch sehr nett
Es folgt der Höhepunkt -sehr adrett
DAS FAMILIEN WASSERBALETT
So kann man sich austoben und den kurzen Sommer loben
Wenn alle Beine genug gehoben. rennen alle dann nach oben
Als Beute gibt es Haferbrei
Willkommen Alltags - Allerlei
Zusammenhalt ist eine Stütze
Gottseidank gibt es Blaubeergrütze!

EISDIELENSOMMER

Der Eiscremekuss
Er erschreckte mich
Ich kannte dich kaum
So jung und dumm
Die Sonne schämte sich
Und verschwand hinter den Wolken

Ich erinnere mich an den Sommer in der Eisdiele
Als wir zum Schwimmen gingen
Du hast mir wunderliche Sterne in den Sand gemalt
Ich erinnere mich an den EISDIELENSOMMER
Wenn das Freibad schließt und die Blätter fallen
Das letzte Eis süß auf meine salzige Zunge fliest

Du hast den Küken das Singen beigebracht
Und du flogst aus dem Nest
Nun ist es Herbst
Und du bliebst im Sommer

Eine Kastanie

Die Nacht ist blaubeerdunkel

Es ist still

Nur das Schaukeln von Ästen in zärtlichen Händen

Des Windes ist da

Unter einer Kastanie liegt ein Reh auf dem grünen Gras

Der Wind bläst die Blüten der Kastanien auf sein Fell.

Darunter ist es warm

Später der erste Sonnenstrahl traut sich nicht es aufzuwecken

Noch ein Moment, der Wind kennt keine Wahl

Aufstehen du Faule Schnecke

Und fegt mit den langen Flügeln die Blüten fort

Das Rehlein erfrischt und ohne Strecken

Geht auf die alten Strecken und bedankt sich

Für die warme Decke

Ein Arrangement

Endlich verstehe ich

wir hatten uns nur arrangiert

aber das hatte sich zum Monster mutiert

du wolltest mich ändern und biegen

ich gebe auch zu

du hast etwas Besseres verdient

Wenn die Tricks zu Ende sind

läuft der Motor leer

das Weinen bringt nichts

es ist das Beste zu gehen

Ich habe dich geliebt wie eine Verrückte

einen Verrückten liebt

zu schnell zu heftig habe ich mich in dein Leben

eingemischt

bis zur Sinnlosigkeit geliebt

jetzt entgleist mein Leben

es ist besser nicht zu bleiben

um endgültiges Versagen zu vermeiden

ich liege schlaflos neben dir

das Echo der Vorwürfe schallt in meinen Ohren

es ist leichter zu gehen

als weiterzumachen

du wirst schnell einen neuen Rausch finden

Ich habe dich geliebt wie eine Verrückte

einen Verrückten

Ich bin der glücklichste Hund der Welt

Ich bin der glücklichste Hund der Welt.
Ich habe mein Leben wieder gefunden.
Hier habe ich Vertrauen gefunden.
Ich war verloren in meinem früheren Leben.
Man hat mich einfach mit dem Stöckchen im Mund
auf einem Parkplatz stehen lassen.
wie eine leere Flasche.
Ich bin hinterhergerannt, bis ich nicht mehr konnte,
hatte Hunger Durst und Angst.
Dann kam sie, meine große Liebe.   I
Sie versteht sogar meinen Nasenstupser.
Später sagte sie, ich hätte sie mit meinem Blick direkt
ins Herz getroffen und ich konnte sie nicht von meinen
Augen lassen.
Nun wenn wir raus gehen, sagt sie:
Ich bin ein Star!
Alle ihre Freunde hat sie nur durch mich.
Wir haben aus unserer Einsamkeit eine Zweisamkeit
gemacht.
Jetzt sind wir zusammen langsamer geworden,
passen die Geschwindigkeit an.
Wir hassen Treppen.
Viele Leute sind in die Demenz gegangen.
Wir halten zusammen gegen den Sturm, so ist es.

Es ist noch Liebe da

Es ist noch Liebe da, mein Herz

Wir sind schon Jahre fest getraut

Das Misstrauen bleibt geraubt

Es ist noch Liebe da, mein Herz

Wir sitzen noch gerne am selben Tisch

Mal gibt es Fleisch, Fisch oder nix

Es ist noch Liebe da, mein Herz

Wir fischen nicht in fremden Teichen

Wo anders-das weiß man, gibt es das gleiche

Es ist noch Liebe da, mein Herz

Mal hat man Wonne und viel Scherz

Mal Kummer und unendlich Schmerz

Es ist noch Liebe da, mein Herz

Mal gibt es Kakteen mal Rosen

Mal mit Stacheln, die bis zum Herzen stoßen

Es ist noch Liebe da, mein Herz

Die Kinder sind schon weggeflogen

Doch die Wurzeln sind nicht abgehoben

Es ist noch Liebe da mein Herz

Man kann sich noch gut riechen

und mal wenn erwünscht eine Pause anbieten

Es ist noch Liebe da, mein Herz

zusammen den Mond betrachten

Ein Gläschen Wein ist dabei nicht zu verachten

Es ist noch Liebe da mein Herz

Wir stehen wie zwei alte Bäume da

Die Wurzeln tief und unsichtbar

ES IST NOCH VIEL LIEBE DA

Der Ruderer

Ein Ruderer auf dem stillen Wasser
denkt an seine Liebe
die untertauchte wie die Wasservögel vor ihm
und nur die Ringe blieben übrig
Vor ihm das dunkle Wasser
und die Abendsonne wärmt die Strände
sein Rücken ist nass vom Schweiß
und sprudelt wie ein überkochender Topf
er möchte jetzt wie ein Adler
schwer und elegant in die kühlen Wellen tauchen
und wieder davonfliegen es wird dunkler
bald schwimmt das Mondlicht fransig auf den Wellen
das Meer dreht sich fast kaum spürbar auf die Seite
und die Fische in den Tiefen gleiten mit
sein Blick auf den weiten Sternenhimmel
und er fragt sich, warum sind die Menschen so
niedergeschlagen
unter diesem unendlich hohen Himmel
Er rudert in die Mondwasserstraße hinein
in die kurze Mondsommernacht

Endpunkt Freiheit

Im Auto sitzt ein Mensch sich suchend in Tränen

Schon wieder ein Anruf

Eine Stimme wütend und berauscht

Die Angst ist wieder da

Man spürt die Hiebe noch

Bitte, bitte nicht mehr

Jetzt ist Schluss aus

Das Gespräch ist zu Ende

Luft geholt davongekommen

Mit leeren Händen nach der Freiheit greifend

Davongekommen steht man am Startpunkt

Jetzt geht es bergauf

weiter runter geht auf dem Weg es nicht mehr

Auf dem Weg sind viele böse Menschen

die inneren Schrammen kann man nicht sehen

Aber daran stirbt man nicht

Die Vergangenheit kann man nicht vergolden

Ich halte an der Hoffnung fest

Jetzt wohnt doch keine Gefahr mehr in meinem Haus

Man stoppt steigt aus

Der regennasse Asphalt spiegelt einen Menschen

der nach Kräften schreit

Ich bin frei

und Tränen rinnen auf die Straßen des Vergessens

Sehnsucht nach irgendwohin

Du hast Sehnsucht nach irgendwohin

Und sparst deine Liebe für etwas besseres

Dass du sie irgendwann verschwenden kannst

Schau genau hin

die für dich wichtigsten Sachen

passieren jetzt in diesem Moment

Die schönsten Blumen blühen direkt vor dir

Alles, was du dir wünscht, ist schon da

dein Glück wartet auf dich

Hier und jetzt

Suchst du was gestern da war?

Für die anderen glänzt dein Glück

bereits hell wie Gold

Die Uhren messen die Zeit

Das Gestern wartet aufs Heute

Dazwischen in schnellem Lauf

Ist dein Leben hier und Jetzt

Genieße das Leben

Was morgen ist sieht man nicht

Das Wichtigste passiert jetzt

Momente im Krieg

Discokugeln glänzen
Wie auch die Gestalten
Mitten im Krieg
Eine Glitter Po Parade
Zittert und bewegt sich
In den Wellen der Musik
Vergessen wollen sie
Für einen Moment glücklich sein
Wie sie vielleicht einmal waren
Einen Moment losgelöst sein
Vielleicht wollen sie sich zu Tode amüsieren
Umrahmt von lauten Blitzen
 Die Erinnerung ist wieder da
Das Surren von Aluminium
Rauch, Erdklumpen, gebrochene Mauern
Und Feuerzungen
Jene Nacht, jede Nacht
Aufwachen, laufen
In den Himmel horchend
Frierend, ein Kind schreit im Schlaf
Vergessen, vergessen
Davonlaufen
Kann doch nicht vergessen
Jetzt sinnlos tanzen
Im Kopf dröhnt es laut
Die Bässe dröhnen in meinem Bauch
Die bunten Fingernägel bewegen sich im Takt
Wie Splitter

Mir ist kalt, mir ist heiß
In dem dunklen Raum
Licht aus Licht an
Nicht hier nicht dort

Die achte Nacht

Ich habe einen Blick wie ein verlorenes Kind
Die Spuren deiner Liebe tun mir weh
Die achte Nacht
Die Dunkelheit überfällt mich wie ein
Bombengeschwader
Ich habe nie nach dem Preis gefragt
Die verdammte achte Nacht ist da
Und alles ist bedeutungslos
Ich habe den Glauben an die Menschen verloren
Die Menschheit bringt sich gerade um
Wir waren zusammen draußen
Nun sitze ich drinnen wie ein Verrückte
Krumm in meinem Bett
Am Morgen wache ich auf in den Ruinen meines
Lebens
Und weiß nicht wo ich bin
Wohin ist die Zeit gegangen
Worte wie ein Echo in den leeren Räumen
Die neunte Nacht kommt mit ihren Leiden
Eine Stadt von Engeln
In dieser sündigen Stadt waren wir beide Engel unter
den schattigen Bäumen
Spürte ich deine zarten Federn

Die Straßen und mein Herz sind leer
Trotzdem warte ich auf dich
Ich möchte die Gefühle zurück
Ich drehe mich Kreis
Und höre deinen Atem
Ich möchte dich wiederfinden und spüren
Diese teuflischen Ecken und Kanten
Trotzdem wäre es etwas Großes geworden
Du bist mir aber davon geglitten
Davongeflogen
Verdammt, ich kannte dich doch nicht
Teufel, was kosten die Flügel

Am Ende

Am Ende ihrer Kraft angekommen
eine müde Gestalt
mitten in den Ruinen
bückt sich ein Mensch nach einem blauen
Stiefmütterchen, das Augen hat wie ein
Neugeborenes
eine vom Hass verwundete Seele
mitten in Staub und Rauch
berührt das Blümchen mit den Lippen
vorsichtig wie eine frische Wunde

Sie spürt riecht und atmet
die himmelblaue Kraft der Natur
mitten in unendlicher Traurigkeit
weht ein Hauch von Hoffnung
Neubeginn und Freiheit

Früh am Morgen

hinter den Bäumen fliegen die Vögel
und ich höre in Gedanken die Stille
wohin gehen die Sterne und der Mond
wohin führen die Winde die Vögel
finden sie dort etwas Neues
Der Nebel hat sich über Nacht frisch gewaschen
In den Pfützen kenne ich mein Spiegelbild nicht mehr
die Spuren der vergangenen Liebe
haben sie sich eingegraben
die Sonne scheint auf mein Gesicht
nun stehe ich da und schreie innerlich nach Liebe
der Wind bläst durch meinen Kopf
von Westen nach Osten
wie der Sand am Strand
ich habe alles außer dem Leben verloren
ich hatte eine Bleibe bei dir gefunden
ein Nest für gemeinsame Träume
jetzt bin ich wie ein Vogel ohne Flügel

Der Lebenstropfen

Ich sehe einen stürmischen Fluss, ein kleines Boot

darin liege ich reglos und treibe in Richtung Meer

Ein Tropfen fällt auf meine Stirn

Ein Tropfen, der einen Felsen sprengen kann

Mit Geduld kann man ihn wieder zusammensetzen

Meine Sinne sind wie ein endloses Meer

Die Gedankenwellen schäumen dahin

Irgendwann werde ich frei sein

wie das unendliche Meer

Die Weiten kann man nur ahnen

Hunderten von Winden ausgeliefert

in vielen schlaflosen Nächten

in den Wellen des Lebens

vor Sehnsucht sprachlos

Wenn die stetigen Tropfen meinen Lebensstein stören

kann nur der geduldige Sinn ihn wieder richten

In meinen Gedanken tanzt der Himmel

Trillionen Planeten wandern in meinem Sinne

Durch die Dunkelheit führen mich die kräftigen
Strahlen

Auch wenn der eine nur ein Tropfen bekam

und der andere einen großen Eimer

Wenn du einen klugen Umgang hast

Kannst du auch Liebe schenken

Wenn du einen klugen Umgang hast,

kannst du auch Liebe schenken

und deine Tropfen teilen

Ein Mann auf dem Weg

Ein Mann auf dem Weg
Haus und Heimatlos
Ohne Heimat und Ofen
Ohne Familie bedeutungslos
Ohne feinen Zwirn
Schulden, kettenlos
Ein Mann auf dem Weg
Haus und Heimatlos
Er singt beim Wandern lachend ein Lied
 aus einem fremden Land
Hört ihr?
Vielleicht für ihn selbst unbekannt
Ein Mann auf dem Weg
Heimat und Herdenlos
Er gehört nicht dem Land
und nicht dem Himmel
Singt übers Leben, Liebe
Wahrheit oder Arbeit
Ja auch über Hunger und Armut
Ein Mann auf dem Weg
Haus und Herdenlos

Trauert um seine ROSE
die dahinwelkte an einer Winternacht
Sein letzter Trost war seine Ernte
Die doch ein anderer nach Hause fuhr
von seiner Landwirtschaft, die einst ihm gehörte

Verlorengegangen

Flaschen sammeln

Bin verloren gegangen

Bei jedem Wetter

Die Straßen entlanggelaufen

Sammeln, sammeln, Schleichen

Sammeln was von den Tischen fällt

Für ein paar Cents

ein wenig Luxus auf meinen Tisch knallen

Wie ein einsames Spiegelbild

das sich vor Scham totgestellt hat

Bin unsichtbar und still

Auch wenn die Tränen fallen

nicht die Fäuste ballen

Eine einsame Socke-das zweite verloren

Ich wünschte-Ich wäre nicht geboren

Ein Bild

In meinem Zimmer hängt ein einfaches Bild

es hängt schon viele Jahre

ich weiß nicht was mir am besten gefällt

Die grauen Haare, tiefen Falten oder

das Licht in den Augen

Irgendwie erwärmt es mich

und plötzlich ist mir die Sonne ganz nah

beim Ansehen kommt das Himmelblau

von den warmen Augen entgegen

Ich kann es Stundenlang betrachten

es kommen schöne, glückliche und sogar

traurige Erinnerungen hoch

Ich sehe die glücklichen Kindertage

Weinachts Bäume und Geburtstags-Erdbeerkuchen

Und so kommt es mir vor, dass das Bild wacht ins
Leben

Und er sagt mir: Pass auf dich auf, mein Kind, ich bin
für dich da

Aufopferung

Neben dem Wald auf der Wiese
Da wuchs eine Lupine
Dort blühte auch eine Margarite
Namens Elfriede
Die war verliebt in eine wilde Biene namens Christine
Auf einem Ast von einer Birke saß ganz leise eine
Meise
Die hatte gerade Lust zu fressen die Biene
Die gerade saß auf einer Lupine
Elfriede ruft
Pass auf du doofe Biene
Dort auf dem Ast sitzt die Meise
Flieg zu mir in meinen Schatten
Da bist du sicher vor diesen Flugratten
Die Biene flog zu der Margarite
Sie beugte sich um sie zu beschatten
Die Meise war nun weggeflogen
Die Margarite hat sich bis zum Bruch gebogen
Wäre Elfriede nicht so verliebt gewesen
Lebte sie noch heute
Die Moral der Geschichte
Es ist manchmal dumm
Macht man sich für die Liebe krumm

41

Märchenstunde

Da sitzen sie in voller Erwartung
Alle nehmen Erwartungshaltung
Was wollt ihr denn hören, frage ich
Und was muss ich hören
Die Prinzessinnen sind jetzt out
Lieber was vom Astronauten
Oder was vom Mobbingopfer zum Supermodell
Ich muss meinen Text jetzt ändern
Und ganz schnell
So gab es eine neue Lesung
Auch für mich
Das wird wohl nichts
 Eine Lovestory in Space X
Supergirl und der reiche Mister Right
Beide waren Mobbingopfer
Das Frauchen war oft beim Sternenstaubshopping
Ganz bequem mit Sternenhopping
Der Mister Right machte Geschäfte mit
Birdfly Stars Programm
Er hatte ein Hobby
Zu streiten und prozessieren Wasserrechte
Später heiratete man auf dem Mond
Wo bekanntlich der kleine Prinz wohnt
Später mit deren sieben Kinder
Schön und klug nicht minder
Doch mit schlechten Manieren
Könnten sie mit den Eltern konkurrieren
So lebten sie hinter dem Mond
Wo bekanntlich Lachverbot

Die Moral der Geschichte
Lachen ist umsonst
Und macht viele Lichter
Die Kinder fanden mein Märchen doof
Und zu Ende war mein Ersatzangebot
Ich werde in Zukunft nur noch von Grimms Märchen
berichten
Und ganz auf Astronauten verzichten
Schaut mich zärtlich an
Und sagt: Mein Kind, ich bin für dich da

Erlebnisreise

Mir war zum Reisen zumute

und hatte Lust auf etwas Gutes

so löste ich ein Ticket für die Tram in München

und fuhr die Straßen und Brücken entlang

da saß ich nur und staunte

Ich verstand kaum ein Wort

Ich landete in einer bunten Demo

junge Leute mit Fahnen und Deko

meine Bahn konnte nicht springen

so wartete ich in der Hitze drinnen

nächster Halt war ein Bazar

wie im Orient, wirklich wahr. es war laut und lecker

ich kaufte ein Döner nach dieser Erlebnisreise

hatte zu Hause eine gute Speise

meine Taschen wurden voll

so viel Gutes fand ich toll

hatte ich zuhause eine gute Speise

Dichter

Deine Geheimnisse haben bei mir einen dichten Ort

Wenn du bei mir bist, tut mir nichts mehr weh

Auch wenn du weit weg bist, bist du dicht bei mir

Unsere Liebe ist die beste Dichtung gegen die
Verlogenheit der Welt

Und es hält die Wahrheit dicht bei uns

Es gibt uns Kraft in unserem Versuch gute Menschen
zu werden

Es lässt die Energie bei Bedarf fließen

Und gibt uns Kraft und Ruhe

Adriana

Ich folge den Spuren meiner Kindheit, alleine.
„Alleine", dieses Wort habe ich während meiner
zahlreichen Reisen schon in vielen Sprachen Europas
gehört.

„Solo, singur, tout seule, alone" Ich bin ohne Partner
oder Freizeitgruppe, ohne Verein und ohne Eltern
unterwegs. Und ich bin glücklich darüber, einmal solo
zu sein. Keiner erwartet etwas von mir und das finde
ich gut so.

Ich habe das Bedürfnis, die ehemaligen Urlaubsorte,
die ich vor ungefähr 20 Jahren mit meinen Eltern
besucht habe, noch einmal zu sehen. Meine Reise
führt mich zunächst ins Südtiroler Unterland. Mehr
oder weniger gerne habe ich in dieser Gegend die
Berge mit meinen Eltern bestiegen.

Schroff und steil ragen die mit Kiefern und Moos
bewachsenen Berge empor. Sie erinnern an die
Zacken eines riesigen grauen Kamms. Ein Wasserfall
stürzt einhundert Meter in die Tiefe. Die alte
Eisenbrücke über die Schlucht ist gesperrt. Eine Kette

mit Schild, das die Aufschrift „Betreten verboten" trägt, versperrt mir den Weg. Ich folge dem Pfad, der in die Schlucht hinunterführt. Vorsichtig steige ich die steinigen Stufen hinunter, denn ich trage alte Sandalen. Mannshohe Steinquader liegen im Bach. Ich sehe jetzt den Campingplatz, auf dem ich vor neunzehn Jahren mit meinen Eltern in einem großen Wohnwagen die Sommerferien verbracht habe. Ein großes Hotel wurde dort inzwischen errichtet. Unten im Tal liegt ein gepflegter Tennisplatz. Ich schreite über den hölzernen Steg und vor meinen Augen erscheint ein wunderschönes Bild. Ich sehe ein junges Mädchen. Sie trägt einen einfarbig roten Bikini. Ihr blondes leicht gewelltes Haar fällt locker auf die Schultern. Ihre Augen glitzern hellblau wie die Adria im Sonnenlicht. Ihr Bauch ist flach, dennoch ist sie nicht übermäßig mager. Das Mädchen heißt Adriana, ein Name der gut zu ihr passt, vor allem der blauen Augen wegen. Besonders faszinierte mich ihr süßes Lächeln, das sie stets auf den Lippen trug.

Wir spielten zusammen Tischtennis und warfen uns den Wasserball zu. Zu gerne hätte ich ihre Gedanken gelesen, ihre kleine Hand berührt und ihr helles Haar gestreichelt.

Adriana war damals sechzehn, ich ein Jährchen jünger.

Wie gerne wäre ich damals ein wenig älter gewesen und mit ihr im komfortablen Auto meines Vaters spazieren gefahren.

Jahrelang habe ich nicht an Adriana gedacht, doch nun sehe ich sie so klar und deutlich wie ein Bild im Computer, das ich ewig lange nicht zum Öffnen angeklickt habe. Damals, vor 19 Jahren war ich in Adriana schrecklich verliebt, ich liebte sie sogar stärker als die meisten Mädchen und Frauen, zu denen ich in meinem nicht mehr ganz jungen Leben eine Beziehung gehabt hatte.

Und dennoch ist nichts zwischen Adriana und mir gewesen, objektiv nichts, nicht einmal ein Küsschen, höchstens ein milder zärtlicher Blick. In meiner Phantasie passierte dagegen umso mehr. Ich liebkoste ihren Körper, ihre Hände, ihren Mund, ihre kleine Brust. Ich sah mich mit Adriana auf der Via Appia, auf dem Petersplatz in Rom, auf dem Gran Paradiso und an den schönsten Stränden Italiens. Seltsamerweise war ich in jedem Urlaub in ein anderes Mädchen verliebt. Dennoch hatte ich immer die Illusion in meinem Kopf, ich könnte dieses Mädchen bis an das Ende meiner Tage lieben. Im Urlaub hatte ich Zeit zum Träumen, denn es gab keine Formeln und Vokabeln zu lernen. Und so benutzte ich jede freie Minute für romantische Phantasien.

Ich frage mich, ist das normal? Flatterhaft, so ist mein Herz und blau ist die Farbe meiner Sehnsucht.

Blau wie die Augen Adrianas, blau wie die Adria an einem hellen Sommertag, blau wie die Wolken auf dem Desktop meines Computers.

Bedächtig baue ich mein silbergraues Kuppelzelt auf. Wenig später besuche ich das Sanitärgebäude, das aufwändig renoviert wurde. Ich blicke in den mit grauem Kunststoff umrahmten Spiegel, betrachte mein Gesicht. Ich komme mir alt vor an diesem Nachmittag. Ein paar graue Strähnen, leicht aufgequollene Tränensäcke und ein paar große Poren an der Wange, diese Merkmale weisen auf ein Alter um die 35. Doch in meinem Herzen bin ich ein Teenager geblieben. „Man müsste noch mal zwanzig sein und so verliebt wie damals", der Text dieses uralten Schlagers, den meine Mutter früher manchmal gesungen hat, beißt sich in meinem Kopf wie ein Ohrwurm fest. Wenn ich an Adriana denke, habe ich dasselbe Gefühl in der Brust wie vor 19 Jahren. Die Hände sind feucht und das Herz klopft schneller als gewöhnlich. Früher habe ich in ihr die Frau, das große Mädchen gesehen. Heute sehe ich das Kind in ihr, wenn in meiner Phantasie ihr Bild erscheint. Ich muss Adriana wiedersehen, dies ist in diesem Moment mein Gedanke. Doch wie ist ihr Nachname. Er beginnt mit einem C.

Ich überlege ein paar Sekunden, kratze mich am Kopf. „Genau, ihr Name lautet Carogi."

Mit diesem Namen hatte sich Adriana damals für das Tischtennisturnier am Campingplatz eingeschrieben. Der braune Alfa Romeo ihres Vaters hatte das Kennzeichen Mi (Milano). Mein Entschluss lautet: morgen früh fahre ich nach Mailand, um Adriana ausfindig zu machen.

Ich gehe gleich nach Sonnenuntergang zu Bett, schlafe schlecht, wälze mich auf der unbequemen, viel zu weichen Luftmatratze hin und her. Bereits um sieben stehe ich auf, rolle den hellblauen Daunenschlafsack zusammen und breche mein Zelt ab.

Ungeduldig warte ich, bis das Verwaltungsgebäude öffnet. Ich begleiche die Rechnung und mache mich auf die Reise. Die Straßenschilder fliegen an mir vorüber. Alle zehn Kilometer ein Schild mit der Aufschrift Milano. Milano 190 Km, Milano 180 Km und so weiter. Milano ist ein leicht erreichbares Ziel. Aber werde ich Adriana finden?

Area Servicio Nogaredo, Pagenella, San Andrea.
Modena.

In meinen Ohren klingen diese Wörter tausend Mal
angenehmer und zärtlicher als zum Beispiel die
deutschen Worte Odelzhausen, Holzkirchen oder
Raubling. Der Song „Luciana" in einer Bearbeitung
von James Last tönt aus den Lautsprechern des
Autoradios. James Last gehört zu meiner Jugend
genauso wie der Urlaub in Norditalien, vertraut und
dennoch geheimnisvoll. Endlich erreiche ich die
Ausfahrt Milano ovest. Ein Kreisverkehr folgt dem
anderen. Ich bin erschöpft, benötige dringend eine
Pause.

Am linken Straßenrand befindet sich eine schattige
Grünanlage mit roten Bänkchen.

Zum Glück finde ich auf Anhieb einen Parkplatz.

Mit gesenktem Kopf überlege ich mir eine Strategie,
wie ich Adriana finden könnte. Ich blicke in den
Geldbeutel. Lediglich vier, der für Ortsgespräche
benötigten 200 Lire Münzen sind zu erkennen. Wird
das wohl reichen oder brauche ich eine Telefonkarte?

Mit zitternden Händen greife ich zum Telefonbuch.

Alfredo Carogi

Antonio Carogi

Emilia Carogi

. . . .

Etwa dreißig Carogis gibt es in Mailand, peile ich über den Daumen, nachdem ich das Telefonbuch aufgeschlagen hatte. Ich nehme zaghaft den Hörer ab und höre das Klimpern der fallenden 200 Lire Münze.

Ich beginne mit meiner Telefonaktion ganz oben bei Alfredo Carogi.

„Haben Sie eine Verwandte, die Adriana heißt?" frage ich in Deutsch.

Der Mann am anderen Ende der Leitung versteht mich nicht.

Ich versuche es mit ein paar Brocken italienisch.

„Adriana, non conoscio," (kenne ich nicht) sagt eine krächzende Männerstimme.

Enttäuscht lege ich den Hörer auf.

Weiter geht es bei Antonio Carogi. Ich wiederhole meine Frage von vorhin. Die Antwort lautet:

„Aber ja, sie ist meine Tochter. Warum?"

„Wir haben uns vor 19 Jahren am Camping „Wasserfall in Ora gesehen."

Ich vernehme ein Lachen im Hintergrund. „Aber ich kann mich nicht an Sie erinnern," spricht der fremde Mann am Telefon. „Das glaube ich schon", pflichte ich bei.

Möchten Sie Adriana wiedersehen?" fragt der fremde Mann am Telefon.

„Si, aber ja", stammle ich. Ich habe mein Ziel erreicht. Adriana lebt.

„Ja, Adriana ist verheiratet, heißt jetzt Bertoluzzi." Das Wort „verheiratet" lässt mein Herz ein Stück tiefer sacken, einen Teil meiner Träume zerplatzen.

„Ich gebe Ihnen Adresse und Telefonnummer", meint der freundliche Mann am anderen Ende der Leitung.

Ich greife in die Brusttasche und notiere mir die Adresse.

Adriana Bertoluzzi

Via Fausta 7.

Milano.

Ich balle die Faust, schüttle kurz darauf den Kopf und

verlasse die Telefonzelle mit gemischten Gefühlen. Ich bewege mich zwischen Triumph und Nachdenklichkeit.

Der alte Mann, der vor der Zelle steht, wundert sich über mich, das entnehme ich seinem Gesicht. Ich eile zum Wagen, greife ins Handschuhfach und speichere die Adresse im Organizer. Gemächlich falte ich den Zettel mit Adrianas Adresse zusammen und lege ihn in der linken Konsole meines Autos ab.

Mein Entschluss lautet:

Ich werde Adriana nicht anrufen, sondern zunächst ihr Haus ausfindig machen.

Die Autofahrer hinter mir hupen. Italiener hupen ständig und das macht mich nervös. Ich stelle meinen Wagen in der nächsten Parklücke ab und fahre mit dem Bus in die Innenstadt. Im Zentrum blicke ich mich suchend um und finde auf Anhieb eine riesige Buchhandlung.

Soll ich 15.000 Lire für einen Stadtplan ausgeben? Ich bin mir plötzlich nicht mehr sicher, ob ich Adriana überhaupt besuchen soll. Doch den Stadtplan kann ich in jedem Fall brauchen, denke ich, um die Geldausgabe zu rationalisieren. Die Mailänder Innenstadt mit ihrem gigantischen Dom möchte ich schon seit Jahren besuchen, jedoch im Moment interessiert mich die gigantische Kathedrale wenig. Ich bin von dem Gedanken, Adriana zu sehen, erneut besessen. Auf der Busfahrt zurück zum Wagen studiere ich das Straßenverzeichnis.

Adrianas Haus befindet sich im Norden Mailands. Im Nebeldunst sind die Ausläufer der Alpen zu erkennen. Die via Fausto befindet sich in einer noblen Gegend.

Vor dem rosa verputzten Haus steht eine italienische Kombilimousine.

Zwei schwarzhaarige Kinder kreischen im Garten. Sie zanken sich um ein rostiges altes Dreirad. Ein kleiner etwa vierjähriger Junge packt sein Schwesterchen am langen, dunklen Haar. Ich bleibe im Wagen sitzen und greife zu einer Automobilzeitschrift, die auf dem rechten Vordersitz liegt, um mein Gesicht zu verbergen. Dieses Detektivspiel ist prickelnd aufregend. Ich verberge mein Gesicht, obwohl ich eigentlich keinen Grund dazu habe.

Plötzlich tritt eine junge blonde Frau auf die Terrasse. Sie schimpft unbekannte Worte. Vermutlich ist es Adriana, meine einst geliebte Adriana. Ihr Haar ist immer noch so blond wie damals vor zwanzig Jahren. Das Gesicht der jungen Frau kann ich nicht genau erkennen. Ich lege den ersten Gang ein und fahre etwa 500 Meter stadtauswärts. Ich weiß in diesem Moment nicht, was ich weiter tun soll. In meiner Brust breitet sich ein unangenehmer Druck aus, die Hände sind schweißnass.

Ich habe schrecklichen Durst, Zunge und Gaumen sind trocken wie Stroh. Mir ist nach kühlem Coca-Cola. An der nächsten Ecke befindet sich ein kleiner Laden. Alimentari steht in uralten verwitterten Buchstaben über der Eingangstür. Freundlich ertönt die Ladenschelle, doch kein Mensch ist zu sehen. Ich rufe laut: „Buon Giorno!"

Ich höre langsame Schritte. Ein uralter Mann mit schneeweißen Haaren und tiefen Furchen an der Stirn reicht mir die rote Dose, die ich auf dem Trottoir gierig öffne. Die schwarzbraune Zuckerbrühe spritzt mir ins Gesicht und verschmutzt den hellen Pullover. Ich fluche: „Porca miseria!" Mit einem weiß-blau gemusterten Taschentuch trockne ich die feuchte Stirn und lege den Pullover auf dem Rücksitz ab. Ich stelle den Wagen vor Adrianas Haus ab und gehe die Straße auf und ab.

Soll ich einfach hingehen und klingeln? Wird sie mich für einen Hausierer oder Vertreter halten? Wird sie überhaupt öffnen?

Ich steige wieder in den Wagen und warte. Zehn

Minuten werden zur Ewigkeit. Ich verlasse den Wagen und trete an den Maschendrahtzaun.

Ich fasse all meinen Mut und rufe: „Scusi!"

„Scusi", wiederhole ich.

Ich schwitze, obwohl die Temperatur erträglich ist. Ich zupfe an meinem durchgeschwitzten blauen Polohemd herum. Adriana tritt an den Zaun.

„Kannst du dich an mich erinnern, damals am Camping Wasserfall?" stammle ich.

Adriana schüttelt den Kopf. Sie kann sich nicht an mich erinnern. Schade.

Trotzdem bietet sie mir Cappuccino an. Sie öffnet die Tür und ich nehme auf der Terrasse Platz. Die Kinder zanken sich immer noch, diesmal um eine schwarze Babypuppe. Adriana droht mit erhobenem Zeigefinger. Die Kinder zanken sich weiter um die Puppe.

Ich vermeide es, Adriana ins Gesicht zu schauen. Ihr Gesicht ist um die Augenpartie faltig geworden. Akne Narben und rote Flecken entstellen ihr Gesicht. Ihre Nase kommt mir länger und stärker gebogen als damals vor.

Es gibt einen Crash in meinem Kopf. Die vergessene und wieder aufgeflackerte Liebe bricht zusammen wie ein Kartenhaus. Adrianas Nase hatte mich damals am Camping Wasserfall nicht gestört, mich nicht an meiner Liebe zu ihr gehindert. Ich nippe nervös an der Kaffeetasse. Ich blicke auf die Uhr, es ist kurz nach vier Uhr. Wir schweigen eine gute Minute. Krampfhaft suche ich nach einem Gesprächsthema. Ich erzähle in unbeholfenem Italienisch von meinem letzten Urlaub in Kroatien.

Roberto, Adrianas Ehemann, kommt um halb fünf nach Hause. Er trägt einen hellgrauen Anzug. Höflich verneigt er sich und schüttelt meine Hand. Was wäre, wenn ich Adriana geheiratet hätte? Wäre ich glücklich geworden?

Ich habe plötzlich das Bedürfnis zu fliehen. Ich muss weg. Diese Familie ist so normal wie Millionen andere in Europa. Angst vor der Nähe, vor der Enge beherrscht mein Wesen. Nein, ich bin nicht der Mensch für eine Familie. Ich muss weg von hier.

Nach einem kurzen Smalltalk mit Roberto verabschiede ich mich, setzte mich in den Wagen und brause davon in Richtung Neapel.

Mondlicht

Ein Uhr nachts, hastig stolpert der 35-jährige Josef B. durch die Straßen seiner Heimatstadt Neusäß.

Sein Weg führt ihn zunächst vorbei an den zylinderförmigen Tanks einer großen Mineralölhandlung und von dort in ein Wohngebiet, dessen Reihenhäuser und Mietskasernen vor etwa 30 Jahren errichtet wurden.

Symmetrisch ragen Beton- und Ziegelmauern hinauf zum Himmel.

Stille Nacht, alles schläft im Vorort Neusäß. Ausnahmen in Form von zwei brennenden Lichtern im Wohnblock bestätigen die Regel. Langweilig und spießig, mit diesen Worten verbindet Josef seine Heimatstadt. Nachbar X regt sich auf, wenn eine Katze mit ihren Samtpfötchen über das frisch geputzte Auto spaziert und Sandspuren hinterlässt. Frau Y bekämpft täglich mit Desinfektionsmitteln völlig harmlose Bazillen im Badezimmer. Herr Z hat sich für sein Eigenheim total überschuldet und musste sein Fahrrad verkaufen.

Es riecht nach Heizöl. Breiners Weg führt zum Kinderspielplatz. Die BMX- Radstrecke erinnert an überdimensionale Maulwurfshügel. Dicke Spuren der Mountainbikereifen sind selbst bei blassem Mondschein im aufgeweichten Morast deutlich zu erkennen.

Erschreckt fährt Josef zusammen, als er vor dem

Balken einer Kinderwippe steht. Ihm ist, als stehe ein Dinosaurier vor ihm. Die zwei Flaschen Wein zu Hause waren anscheinend doch ein bisschen zu viel.

Birgit du Fette, steht als 30 cm hohes Graffiti in der Halfpipe des Kinder- und Jugendspielplatzes, das größte und auffälligste Graffiti. „Hier fehlt doch etwas", dachte Josef. Vielleicht hat der Sprayer Reue oder Mitleid gezeigt, vielleicht ist ihm aber nur die Farbe ausgegangen."

Das Wort Fuck findet sich allen möglichen Zusammenhängen an der Mauer zur Half Pipe. Ehrliche Liebesbekenntnisse sind in diesem Gelände ebenso häufig anzutreffen wie Beschimpfungen der örtlichen Schullehrer. Es riecht nach weggeworfenen Zigarettenstummeln und Hundekot.

Bianca, ich liebe dich, ist mit dem Taschenmesser in die Parkbank geritzt. Ein Herzchen umrahmt die vier ehrlichen Worte.

Mit wasserfestem Filzstift steht auf grauem Beton geschrieben: Simone, I will die without you!

Darunter: Lehrer sind schlimmer als Fixer, sie denken immer an ihren Stoff, in Josefs Meinung der originellste Spruch hier. Onanie ist Liebe an und für sich, steht daneben.

„Mauern sind geduldiger als Menschen, aber öffentlicher als Papier. Sind deshalb Schmierereien so beliebt", rätselt der Angetrunkene.

Josef blickt im fahlen Mondschein in seinen Ledergeldbeutel. Für eine Taxifahrt in die Innenstadt reicht es nicht mehr.

Lediglich zwei grüne Dollarnoten, die vom letzten Urlaub übriggeblieben waren, befinden sich in der Börse. Eine grüne Dollarnote gleitet nachdenklich durch die gepflegte zarte Hand des Bürokaufmanns. Josef blickt nach oben und erschrickt. Am Sternenhimmel erscheint wie auf einer Leinwand ein überdimensionaler Dollarschein, der vom Mond angeleuchtet wird. „In God we trust", ist auf den Dollarschein gedruckt.

Wie kann man ausgerechnet so etwas aufs Geld drucken, meint Josef kopfschüttelnd.

Ein dreiminütiger Spaziergang in Richtung Tankstelle folgt. Einige Minuten verharrt der junge Mann vor dem Regal mit den Spraydosen, dann trifft er eine Entscheidung:

„Ich kaufe mir eine Dose mit roter Farbe, rote

leidenschaftliche Farbe." Marsrot, steht auf dem Deckel.

Mit schnellen Schritten geht es zur Kirche, deren Fassade vor ein paar Wochen frisch geweißelt wurde. Geweißelt! Das Wort lässt ihn schaudern. Warum nur wird in Deutschland so viel geweißelt?

Ein paar Grillen zirpen, die Uhr schlägt zweimal. Ein lauer Wind weht Josef ins Gesicht. Er wagt das, was vor ihm noch keiner gewagt hat.

Josef zieht die Spraydose heraus: „ Do you trust in God? Fuck the dead presidents! "Ein junger Hund winselt im angrenzenden Haus.

Schlafe mein Prinzchen

Zwei der roten Kerzchen des Adventskranzes aus Salzteig hatten noch einen weißen Docht. Es roch nach Früchtetee und heißen Maroni. Im Wohnzimmer des kleinen 2 Zimmer Appartements von Mario M. befanden sich zwischen Sofa und Fernsehgerät zwei knapp hüfthohe Berge aus Wäsche. Der Vierzigjährige hatte begonnen, schmutzige und saubere Wäsche zu trennen, mitten unter der Arbeit jedoch aufgegeben. Kein einziges Wäschestück bestach durch die Sauberkeit, wie sie bei von der vor zwei Jahren verstorbenen Mutter üblich gewesen war. Jedes Hemd war mindestens zweimal getragen. Der Büroangestellte Mario M. war seit 2 Wochen krankgeschrieben, reaktive saisonale Depression. Er betrachtete die beiden Wäscheberge, ihr Geruch, aber auch ihre Form erinnerten ihn ein wenig an den Vesuv.

Vor einer Stunde hatte Gerlinde Gerlich angerufen. Mit der 36-Jährigen meinte es das Leben nicht sonderlich gut. Sie litt unter einer vermutlich nie heilbaren seelischen Krankheit, zudem war sie leicht geistig behindert, weshalb sie in einer sozialpädagogisch betreuten Wohngemeinschaft untergebracht wurde.

Gerlinde hatte Mario wieder einmal gebeten, die Musiksendung „Melodien für Millionen" mit Dieter Thomas Heck aufzunehmen, denn die arme Gerlinde hatte im Moment nicht einmal das Geld, sich ein paar Videokassetten zu kaufen.

Fernsehen gab Mario häufig das Gefühl, etwas zu versäumen. Es ging dabei nicht um die Programme, die auf den 24 anderen Kanälen liefen, nein, er hatte das Gefühl, das Leben selbst versäumen. Ab 20.15 Uhr flimmerte dann Onkel Dieter ins Haus. Onkel Dieter kam regelmäßig, wie ein echter Onkel ins Haus und brachte seit über 25 Jahren eine schwer beschreibbare Stimmung mit, eine Stimmung, die gleichzeitig traurig und freudig machen konnte.

„Schlafe mein Prinzchen", sangen Nicole und Claudia Jung im Duett gegen 22 Uhr. Mario erinnerte sich an die Zeit als seine Mutter das Alter von Claudia Jung gehabt hatte, an die Zeit zu der es noch keine Videokassetten gegeben hatte. Sie hatte dieses Lied mit ebenso feiner Stimme wie Claudia Jung vorgetragen, damals vor 35 Jahren, als Mutter noch pechschwarzes Haar gehabt hatte, damals als ihre Hand warm und weich gewesen war, damals vor 35 Jahren, als sein Plüschlämmchen noch blütenweiß gewesen war. Drei Minuten später war das Lied zu Ende, wenig später auch die Sendung mit Onkel

Dieter. Nervös tippte Mario auf der Fernbedienung herum. Zwei Prinzchen, Harry und William, erschienen bei RTL auf dem Schirm, die vor wenigen Monaten verunglückte Diana wurde mit behinderten Kindern gezeigt. Weihnachtszeit, auf allen Kanälen Tränenzeit? Mario zählte die Tränen, die er mit den bunten Bildern der Rose of England weinte, es waren vierzehn Stück. Vielleicht sind die kleinen Prinzchen und die Prinzessinnen so beliebt, weil sie so verletzlich sind wie du und ich, weil sie einerseits so gewöhnlich sind und andererseits doch etwas Besonderes sind. Vielleicht lieben wir sie gerade deshalb, weil sie nicht durch Leistung überzeugen wie die großen Sport- Film und Popstars. Nachdem die Tränen getrocknet waren, pilgerte Mario zum Schrank, ca. 200 Videokassetten schliefen darin wie in einem dunklen Grab. Die Kassetten waren die einzigen Gegenstände, die in Marios Wohnung pedantisch sauber geordnet wurden. Er nahm das Band, auf der er Magdalena Brzeska bei den letzten Weltmeisterschaften aufgezeichnet hatte, heraus, küsste die Kassette auf den rot beschrifteten Rücken, auf das er ein Herzchen gemalte hatte und legte sie zärtlich in den Recorder. Wenig später küsste er auch den Bildschirm, denn er wusste nicht, wen er außer seinem blonden Püppchen Magdalena, das er nach dem Sportstar benannt hatte, sonst küssen sollte. Es knisterte gefährlich, als Mario den Fernseher mit den Lippen berührte.

Mario schaltete kurz nach Mitternacht den Videorecorder mit der Zunge aus und ging zu Bett. Bis drei Uhr morgens wälzte er sich schlaflos hin und her, er grübelte: Wer außer Gerlinde mag mich eigentlich? Für Gesunde ist es ein schwer vorstellbares Gefühl, sich müde und schlapp zu fühlen und dennoch nicht schlafen können.

Mario erhob sich, als die Leuchtdioden des Weckers 3.01 zeigten und öffnete den weißen Plastikschrank, auf dem ein rotes Kreuz abgebildet war. Gebannt starrte er auf sein stärkstes Schlafmittel, das Barbiturat Vesparax. 30 Stück davon und ich bin dort, wo Diana und Mutter heute schon sind. Mario sah sich bereits als Zuseher bei der eigenen Beerdigung. Er sprach zu sich: „Vor allem einem Mann gönne ich Selbstvorwürfe an meinem Grab. Franz Schmiedinger, meinem stets schlecht gelaunten und nörgelnden Chef. Aber wenn ich tot bin, kommt Onkel Dieter nicht mehr, es gibt auch keinen Sommer mehr, kein kühles Bier unter den Kastanienbäumen. Mario schluckte eine Tablette und legte sich ins Bett. Die Augenlider fielen zehn Minuten später herunter wie ein automatisches Garagentor.

Am nächsten Tag rief Gerlinde wieder an und erkundigte sich, ob es mit der Aufnahme geklappt hatte.

Sie fragte des Weiteren: „Mario, was ist das Schlimmste für dich im Leben gewesen?" Mario wusste auf Anhieb keine Antwort.

Gerlinde hatte diese Frage schon vielen Personen gestellt und beantwortete sie anschließend immer selbst mit den Worten: „Also, das schlimmste für mich war, dass meine Mutter mich abgelehnt hatte und mich ins Heim gegeben hat. Als ich sechzehn war, habe ich sie besucht und sie um ein paar Mark gebeten und hat sie gemeint: „Geh doch auf den Strich!"

Liebe in Lechbruck

Ja, ich habe es gewagt, ich heiße nicht mehr Rudolf,
ich heiße jetzt Ramona. Im Pass steht noch Rudolf,
aber ich trage jetzt Kleider, die gewöhnlich nur Frauen
tragen. Ich habe vom Doktor nach langen Gesprächen
Östrogene bekommen, ich merke noch nichts davon,
aber das kann noch werden.
Die Beine habe ich mir rasiert. Viel Bart im Gesicht
hatte ich noch nie.
Mir gegenüber sitzt Hansi, ein junger Mann mit
weichen femininen Gesichtszügen, traurig, die
Mundwinkel nach unten gezogen, er blickt verkrampft
in den Boden. Er sitzt neben mir, aber wir schweigen.
Wir kennen ihn alle, er stammt wie ich aus
Lechbruck, alle Lechbrucker kennen sich hier im
Park, die zahlreichen Touristen kennen wir nicht.
Hansi war mit meiner Nachbarin Ulrike zusammen
und mit der Jungbäuerin Carola. Mit beiden hat es
nicht geklappt, ist er vielleicht
schwul? Normalerweise kennt im Dorf jeder von
jedem die Liebesbeziehungen, aber es ist ein
Geheimnis wie Hansi tickt und das mit der
Homosexualität kann ja auch nur ein Gerücht sein. Ja,
bei uns reden die Leute über den Hansi, er hat sich in
Augsburg eine Tasche und eine Lesebrille gekauft,
Gegenstände, die eigentlich für Frauen sind, aber der
Hansi, wusste das nicht einmal, einfach intuitiv hat er
sich diese Sachen gekauft.

Er erschrak voriges Jahr als die Jungbäuerin Carola auf dem Feuerwehrfest gesagt hat: „Dieses Täschchen geht gar nicht!" Hansi geht zum Psychotherapeuten Dr. Meister. Der Doktor meinte: „Dir kann es doch egal sein, was die Carola meint. Schließlich hat sie doch mit dir Schluss gemacht!" Jetzt weiß das ganze Dorf, was der Dr. Meister aus Steingaden zum Hansi gesagt hat. Ja, bei uns ist es eine kleine Sensation, wenn einer zum Psychoarzt geht.

Die Carola meint, dass der Doktor Meister selbst auch spinnt, nur weil er sie auf Französisch begrüßt hat.

Den Doktor Meister aus Steingaden kennen wir alle. Die Altbäuerin, die Oma von der Carola, hat von ihm Diazepam bekommen. Seitdem schläft sie jeden Tag bis Mittag. Das ist dem Altbauern gerade recht, jetzt kann er jeden Tag zum Frühschoppen gehen. Nach dem Frühschoppen schläft der Huber Bauer dann seinen kleinen Rausch aus. Erst ab 18 Uhr haben sie dann Gelegenheit zum Streiten, das ist ein überschaubares Zeitfenster. Meistens geht es beim Streit um Carola, weil sie sich zu wenig um die Rindviecher kümmert und stattdessen den Dieseltank des Familien- Mercedes leer fährt. Ja, die Carola fährt nach Füssen, nach Augsburg und nach München. „Die Carola isch net wiascht!" sagt man bei uns, aber einen Bauernburschen mag sie nicht, lieber noch den seltsamen Hansi mit seinem mädchenhaften Gesicht.

Hansi trägt manchmal den Mantel seiner Oma, einfach aus Gedankenlosigkeit, wie er denkt und fühlt ist uns allen ein Rätzel.

Jetzt sagt man sexuelle Orientierung, wenn jemand nicht hetero ist, dann ist es seine sexuelle Orientierung, früher sprach man von Abartigkeit, schwule Sau hört man aber immer noch. Das haben sie zu mir schon tausendmal gesagt.

Jetzt bin ich offiziell eine Frau und keine schwule Sau mehr. Die Mehrheit im Dorf sagt fette Sau zu Ricarda Lang und schwule Sau zu Jens Spahn. Jetzt sagen sie die „gschpinnete" Ramona, besser als schwule Sau, nicht wahr? Hansi hat seinen Flachmann mit Schnaps in der Tasche. Er bietet mir einen Schluck an. Er wärmt die Seele. Er nimmt die Angst. Er hat Angst, auf jeden Fall mehr als ich. Wenn man tausendmal schwule Sau gehört hat und es dir nichts mehr ausmacht, dann geht auch irgendwann die Angst weg.

Warum will ich eine Frau sein? Nicht nur, weil ich auf Männer stehe, ich meine Männer zum Kuscheln, ich stehe nicht auf das, was Männer normalerweise stehen, Fußball, Motorräder, Kriegsspiele am PC. Ich ziehe lieber Puppen an.

Muskeln habe ich nicht besonders viele. Es gibt einige Männer, die auf Transen stehen. Der Fluss rauscht über die Geröllbrocken. Die Alpenkette ist nur wenig entfernt. In der Ferne hört man Kuhglocken. Wohnmobile fahren vorbei auf dem Weg zu einem der größten Campingplätze Europas.

Mein Opa hat auf diesem Platz einen Wohnwagen stehen, sechs Meter lang und ein ebenso großes Vorzelt. Im Vorzelt steht eine Kiste Radeberger Bier. Mein Opa liebt Radeberger Bier.

„Kommst du noch mit in meinen Wohnwagen, auf ein Bier" Man sagt manchmal Bier oder Kaffee, wenn man eigentlich das kuschelige Bettchen meint. Hansi kommt mit mir.

Mein Herz pocht, Hansi ist 24 Jahre alt, ich bin schon 32.

Der Wohnwagenschlüssel klemmt: Hansi ist verklemmt. Endlich geht die Tür auf. Wir setzen uns an den Tisch im Heck und ich öffne eine Flasche Bier und gieße es in zwei kleine Pilsgläser.

Ich küsse Hansi auf den Mund. „Bist du schwul?"

Er sagt: „Nein, Schaue ich so aus?"

In diesem Moment klingelt Hansis Samsung Smartphone.

Es ist Carola: „Hallo Hansi, ich bin gerade im Stall bei den Rindviechern, mein Opa das alte Rindvieh sitzt in der Wirtschaft und ist so betrunken, dass er nicht richtig mehr laufen kann. Kannst du ihn bitte nach Hause bringen? Nimm am besten meinen alten Mercedes, weil wenn ich ihn, abhole ist er meistens recht ausfallend und schimpft über alles Mögliche. Ich bin gespannt, wen er heute auf den Kicker hat, hoffentlich ist es der Bundeskanzler oder der Habeck und nicht ich!"

Ich bin so froh, dass die Carola angerufen hat, so bin ich aus der peinlichen Situation herausgekommen. Ohne Ausrede konnte ich den Caravan verlassen.

Ramona hat da wohl etwas erwartet, das ich ihr nicht geben konnte.

Fluchtartig rennt Hansi davon, im Eilschritt zu Carolas Bauernhof. Es sind nur 800 Meter bis zur Wirtschaft. Nach neun Halbe wird der Huber Bauer stets schweigsam, solange keiner die Grünen erwähnt, geht es am Stammtisch friedlich zu. Nur einen Politiker mögen hier alle, egal ob jung ob alt, es ist der Aiwanger. Meistens geht der Altbauer nach vier Bier zu Fuß nach Hause. Der Doktor Meister hätte bestimmt eine schlüssige Erklärung, weshalb es heute neun geworden sind. Er vertritt vehement Alfred Adler und den Minderwertigkeitskomplex.
Hansi weiß genau, wo der Schlüssel für den Mercedes hängt.
Früher musste man die Mercedes Diesel eine Minute vorglühen lassen, das Wort hat heute eine andere Bedeutung, bevor die Carola in die Disco geht, trinkt sie exakt 40 ml Ramazotti, weil der Cocktail nach der Happy Hour 13,50 Euro kostet.
Schweigsam steigt der Huber Bauer ein, lässt sich heimfahren und legt sich ins Bett.
Für den Huber Bauer besteht keinerlei Veranlassung, den Psychoarzt aufzusuchen, sein Therapeutikum ist der Streit am Stammtisch und natürlich das Bier.
„Diazepam und Mirtazapin ist nur etwas für die Weiber. Männer kennen bekanntlich nur zwei Gefühle, Hunger und Durst, sagt der Huber Bauer, wenn die Carola oder seine Alte mit „Beziehung" anfangen. Minderwertigkeitskomplex, ja so ein

Schmarren, den Schmarren hat die Carola bestimmt vom Hansi und der hat es vom Dr. Meister. So etwas hat bei uns noch niemand gehabt. Es ist heute 30 Grad warm und ich habe vier Stunden auf dem Feld gearbeitet, da habe ich Durst bekommen, so einfach ist die Sache.

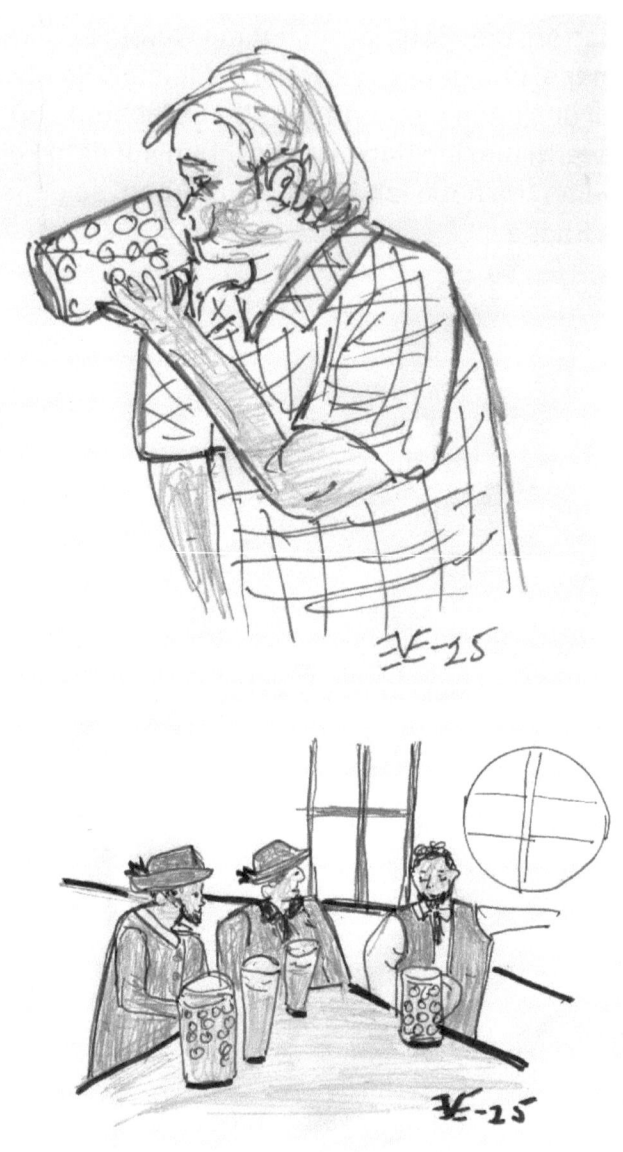

Gedichte von Steve Frontera

Meine Liebe zu Dir

ist wie das Feuer, sie ist wie eine ständig schwelende
Glut und jeder Gedanke an dich ist wie der Sauerstoff,
der diese Glut entfacht. Jedes Bild und jedes Video
von dir wirkt wie hochprozentiger Alkohol, der die
Flammen in meiner Seele unkontrollierbar lodern
lässt.

Meine Liebe ist wie das Wasser, das kontinuierlich
und ständig dahin strömt wie die Donau die Wolga,
oder der Guadalquivir. Manchmal aber ist sie auch
wie die stürmische Nordsee, deren Wellen alles
verschlingen möchten. Dann wiederum ist sie still wie
der Pazifik an einem milden Sommertag und
erfrischend wie die Wellen auf Hawaii.

Meine Liebe zu Dir ist wie die Luft, man sieht sie nicht,
man hört und riecht sie nicht, aber ich brauche sie
zum Atmen und zu leben.

Meine Liebe ist wie die Erde, auf die man etwas bauen könnte, ein Heim, ein Haus, ein ganzes Leben.

Sie ist wie die Erde auf die man Olivenbäume oder Eichen pflanzen könnte, die mein Leben um das zehn und zwanzigfache überdauern und ich hoffe, dass meine Poesie die Jahre überdauern wird.

Meine Liebe zu dir ist aber auch wie schlammiger Morast in dem ich versinke, weil sie nicht erwidert wird.

Meine Liebe zu dir ist wie das Gold, das ich in meinem kleinen Tresor hege und sammle. Ich giere nach ihr wie die Alchimisten des Mittelalters nach dem gelben Edelmetall und weiß dennoch, dass ich diese Liebe nie aus eigener Kraft herstellen kann. Meine Liebe, die ich dir so gerne schenken möchte, zurückzubekommen, erscheint mir so schwierig, so unmöglich, wie in der Wertach, an der ich täglich entlang gehe, einen 30 Kilo schweren Goldklumpen zu finden.

Sollte meine Liebe dennoch erwidert werden, dann werde ich in einer dunklen Nacht einen zumindest drei Kilo schweren Goldklumpen in die Wertach legen und damit vielleicht ein armes Flüchtlingskind so glücklich machen, wie du mich mit deiner Liebe machen könntest. Aber wahrscheinlich findet den Goldklumpen kein armes Kind, sondern der Kampfhund eines unverschämten Zuhälters oder ein reicher Hausbesitzer, der gerade die Miete eintreibt und dessen gierige Augen das blinkende Metall zuerst erkennen.

In meiner Fantasie möchte ich ebenso reich und erfolgreich sein wie Joan Rowling oder Bill Gates, denn dann hätte ich vielleicht mehr Chancen auf deine Liebe und es schmerzt auf den Buchrücken in meinem Regal Namen wie Patrick Süßkind oder Garcia Marquez zu lesen, während sich für meine literarischen Werke kaum einer interessiert.

Dumpfe Seel

Dumpfe Seel, du wirst vergessen

wer und wo du einst gewesen

die Welt vor Schmerz und Freud

sie ist noch da, dein Geist zerstreut

Abendrot

Wenn das Abendrot die weißen Blümlein küsst

Und die Einsamkeit den Tag verschlingt

Dann bin ich dort, wo immer ich auch bin

Wo meine müde Seele stets das Wachen übt

Das Licht versinkt in Dunkelheit

Wo bist du Hand, die niemals rinnt

Der Mund des Geistes sie verschlingt

Matrioschkas Atem

Der zarte Hauch deines Atems

der meine Wange zärtlich streichelt

bedeutet mir tausendmal mehr

als die tausend Küsse der anderen

die zu mir gehört, einfach weil sie zu mir gehört

durch einen dummen Zufall in einer schwachen
Stunde

sie ist die Frau, deren Liebe ich so geringschätzte

wie das klare und reine Wasser

das aus dem silbern glitzernden Hahn rinnt

deren Liebe ich so gering schätze wie den Schotter
am Bahnsteig,

mit dem ich meine dumpf tropfende Seele steinigen

könnte wegen der unsichtbaren Schuld der Lügen und
Halbwahrheiten

Ich habe mich auf sie gestürzt wie der Bär auf die
Bärin

nach einem langen Winterschlaf oder einer kräftigen Mahlzeit

Ich habe mich auf sie gestürzt wie ein hungriger Wolf

auf das scheue Reh oder die lahmende Beute

Die Liebe der einen ist mir nicht genug

Denn mein Herz ist rastlos und unstet

Dein kleines weißes Händchen

begegnet mir gegen Mitternacht

zwischen Traum und Wirklichkeit

wenn ich es nur für eine Sekunde berühre

so geht ein Ruck durch mich,

als hätte ich einen Feuersturm im Rücken

Dein Gesicht ist rund und hübsch

Du siehst aus wie eine kleine Matrioschka

in die ich mit meiner unscheinbaren Seele schlüpfen möchte

die große Matrioschka, die größte,

die ich jemals gesehen habe

werde ich vermutlich nie mehr sehen

es war ein Zufall, dass sie mir früher täglich
begegnete

denn unsere Wege kreuzen sich nicht mehr

Frau Luna lacht

Frau Luna lacht

Es scheint als säh´ sie unserm Treiben zu

Ob wir lachen oder weinen,

Ob wir leiden oder fröhlich sind

Sie kümmerts leider nicht

Doch wir wünschen, dass sie eine Seele hat.

Wir wollen, dass sie ewig bei uns ist

Ihr fahles Licht fegt die Angst der Dunkelheit hinweg

Verwandelt schwarz in Silberglanz

Verwandelt mattes Licht in Glück

Und Glück in Traurigkeit zurück

So geht es hin und her

Bis wir einmal nicht mehr sind

Frau Luna ists egal

Denn sie hat ein Herz aus Stein

Der Tod

Der Tod ist wie ein vergessener Traum

er ist wie ein vergessener Gedanke

wie ein nie gehörtes Lied

ein nie gesehenes Tal

eine nie gegessene Speise

ein nie gerochenes Parfum

eine nie gestreichelte Hand

Am Hettenbach

Du bist das Licht sagen die Augen

Du bist die Erlösung sagt meine Seele

Meine Ohren hören Dich nur selten

Meine Haut spürt Dich nie

Wie Du riechst, das weiß ich nicht

Und dennoch bist Du immer bei mir

Ich möchte einen Luftballon besitzen

gefüllt mit Luft die du geatmet hast

Würde deine Seele in einem Bach wohnen,

ich würde versuchen ihn auszutrinken

aber dies würde mir nie gelingen

so wie es mir vermutlich nie gelingen wird

dein Herz für mich zu gewinnen

ich dachte schon daran mich volltrunken

in den Bach zu stürzen und zu ertrinken

doch die Angst hält mich zurück

alles fließt

der Hettenbach

der Herrenbach

der Lech

die Wertach

die Donau,

der Dnepr

der Mississippi

der Missouri

und so fließt auch meine Seele dahin

Genderkingen

Wir schreiben das Jahr 1988

Der 35jährige Studienrat Johann Becherle aus
Genderkingen war ein in Eile, um 19 Uhr sollte ein
Theaterstück im Augsburger Staatstheater beginnen.
„Die drei Schwestern" von Anton Tschechow stand
auf dem Programm. Punkt 18 Uhr stieg der immer
noch ledige Gymnasiallehrer in seine alten Peugeot
305, um sich nach Augsburg zu begeben. Plötzlich
gab es auf der B 17 einen Knall und der Keilriemen
riss. Das Kühlwasser begann zu kochen und Dampf
trat nach außen. Er schaffte es gerade noch bis zum
Parkplatz Park und Ride Oberhausen.
Er öffnete die Motorhaube und erkannte die Ursache
sofort. Eilig suchte er eine Telefonzelle auf und rief
sich ein Taxi. Drei Minuten vor Beginn der Vorstellung
drückte er dem Taxifahrer 20 DM in die Hand und
verzichtete auf das Rückgeld.
Becherle hastete die Treppe nach oben zum ersten
Rang in genau 40 Sekunden sollte es los gehen. In
seiner Eile trat er einer jungen Dame, die sich
ebenfalls verspätet hatte auf den Fuß, dieser Fehltritt
sollte sein weiteres Leben zum positiven verändern.
Der Zufall wollte, dass Sabine, so hieß die Dame, eine
Beamtin im Einwohnermeldeamt auch eine
Autopanne und zwar mit ihrem Renault Clio hatte.
Herr Becherle lud Sabine nach der Vorstellung auf ein
Glas Merlot Wein ein. Man unterhielt sich über

Rimbaud, Stendal und Puschkin. Die Leidenschaft loderte schon nach wenigen Minuten. Natürlich kam man auch auf die Autopanne zu sprechen. Es wurde Mitternacht und öffentliche Verkehrsmittel fuhren nicht mehr, zumindest nach Genderkingen.
Man nahm sich ein Doppelzimmer im Hotel drei Mohren.
In dieser Nacht wurde der Grundstein für die Entstehung der Drillinge Olga, Maria und Irina gelegt, die nach dem Theaterstück benannt wurden.
Auch bei zwei Beamten / innen kann manchmal etwas schnell und effizient passieren.
Paris ist bekanntlich die Stadt der Liebe und gelegentlich hilft die in Paris ansässige französische Automobilindustrie die große Liebe zu stiften. Im Fall Becherle und Sabine reichte eine sonderbar eingebaute Lichtmaschine, wie im Falle des Peugeot 305 um den Bund fürs Leben zu stiften. Hätten beide einen Mercedes Benz gefahren, wären sie vermutlich immer noch einsam und der Mercedes bliebe das einzige zuverlässige Liebesobjekt.

21 Jahre später

Der Zufall wollte, dass es in Genderkingen 13 Mädchen und nur einen Jungen im Alter zwischen 16 und 21 Jahren gab. Man nannte das Dorf jetzt nicht mehr Genderkingen sondern „Dschenderkingen"
In Genderkingen wurde stets die männliche Form bewusst vermieden.

Gegenüber wohnten die Schwestern Jennifer und Melli, sie waren fröhliche Mädchen ganz im Gegensatz zu den Becherle Drillingen. Kein Wunder. Mascha, Olga und Irene wurden von Ihren Eltern mit Gymnasialen Wissen, Kunst und Kultur und Verwaltungsrecht überschüttet, am ehesten vergleichbar der Schwallbrause der Bibertalsauna. Ihnen wurde alles verboten, was Spaß machen könnte. Stattdessen gab es Disziplin von morgens bis abends.
Keine Schokolade, keine Unterhaltungssendungen, so dass die Mädels recht sauertöpfisch wurden. Ihr Gesichtsausdruck ähnelte Menschen, die sich hauptsächlich von Magerjoghurt ernährten und saures Radler zum Sonntagsbraten tranken.

Auch bei den Jungs hatten die drei Schwestern keinen Erfolg.
Die drei Schwestern sammelten Körbe, schlichte und kunstvolle. Olga hatte Josua Kimmich einen langen Brief mit vielen Metaphern geschrieben und dabei Hölderlin, Rilke und Eichendorff zitiert. Der Brief blieb natürlich unbeantwortet. Ich vermute, Kimmich bekommt jeden Tag einen Wäschekorb Liebesbriefe. Von Hölderlin versteht er vermutlich noch weniger als Steve Frontera vom Fußball.
Mascha hatte bei der Grillparty am Baggersee einen Jungen gefragt: „Wilsch o a Woizen, des sich fei no kalt. Antwort: Na, koin Durscht mehr. Einen weiteren fragte sie: „Willsch du no a Woizen? Na, i muss no Autofahren."

„Willsch dann ein Bussi im Auto?
„Na, o net, i geh jetzt glei zur Jenny."
Könnten sie die Körbe materialisieren könnten die
drei Schwestern die größte Korbwarenhandlung
Nordschwabens eröffnen.

Der einzige Junge im Dorf war Niklas, er hatte die
Angewohnheit jeden Tag drei Stunden World of
Warcraft zu spielen und sich jedes FCA- Spiel
anzusehen, für die Becherle Drillinge eine unsägliche
Beschäftigung.
So kam Olga auf die Idee des Boy Sharing, das hätte
den Vorteil, eben nur jede dritte Woche zum FCA -
Spiel zu müssen und auch bei der Einladung ins
Gaming Netzwerk könne man sich abwechseln.

Und bei Drillingen würde es der Junge nicht einmal spannen.

Irina die jüngste, wurde auf der Grillparty von Ronny angesprochen. Bereits nach zehn Minuten sagte dieser zu ihr: „Ich hab dich lieb!" So etwas zärtliches hatte Irina noch nie gehört in ihrem 21jährigen Leben.
Da ging bei Irene die Post an, heute übrigens heißt das DHL. Noch schneller als bei eine Onlinebestellung bei Tennispoint über DHL kam Ronny im Hause Becherle an. Irenes Eltern schliefen bereits. Das Pärchen schlich sich nach oben und verbrachte eine zärtliche Nacht. Doch das dauerhafte Glück ihrer Mutter war ihr nicht beschieden.
Ihr Vater kannte diesen Jungen schon lange. Er hatte nicht einmal die Hauptschule geschafft und hatte zwei nicht eheliche Kinder gezeugt, die er nicht verhalten konnte.
„Hast du des nicht gemerkt, dass der geistig behindert ist, auf bayerisch a Deppele?"
„Nein, die Sprache der Liebe lernt man weder im Gymnasium noch an der Verwaltungshochschule."

Der alte Mann und die Milchkanne

Paavo war traurig. Vorige Woche hatte er seinen 90.
Geburtstag gefeiert, zusammen mit der Nachbarin,
der 88- jährigen Taru. Seine Ehefrau war vor über 20
Jahren an Krebs gestorben, die einzige Tochter Helga
war mit 39 Jahren ebenfalls an Krebs gestorben:
„Dieser verdammte Krebs, mir wäre lieber gewesen,
er hätte statt Helga mich erwischt", dachte sich
Paavo. Er lebte alleine in Kajaani, in einem kleinen
Holzhaus, nur die alte Taru besuchte ihn gelegentlich,
sie erzählte ihm immer wieder dieselben Geschichten
und Paavo erzählte Taru auch immer wieder
dieselben Geschichten.
Draußen ging die Sonne bereits um 15 Uhr unter, die
Taiga schimmerte. Man konnte kilometerweit in den
Wald hineinsehen. Es gab heißen Tee und
Vanilleplätzchen bei Paavo. Paavos
Lieblingsgeschichte handelte von folgendem:
Helga hatte als kleines Mädchen, ihr Schiffchen im
See nicht mehr gefunden und weinte deswegen
bitterlich.
Besonders oft erzählte er auch diese Story:
Helga hatte ein blaues Auge vom Nachbarsjungen
verpasst bekommen, weil sie ihre Puppe nicht
hergeben wollte. Der Nachbarsjunge war dafür
bekannt, den Puppen die Köpfe abzureißen.

Er war ein Bad Boy, Mädchen sind braver. Was hätte
er als Vater mit einem solch bösen Buben getan?

Taru wusste fröhlichere Geschichten zu erzählen.
Sie erzählte von ihrem Liebhaber Luigi, einem
feurigen Italiener, sie sprach von „Amore" und
„Cuore" in Rimini. Mit einem alten Volkswagen war
sie 1955 über 4000 km an die Adria gefahren.
Kaum war Taru wieder zu Hause in Finnland hatte
Luigi eine andere, diesmal eine blonde Schwedin, vier
Wochen darauf eine Deutsche, natürlich auch blond.
Ja, so sind sie halt die Italiener mit ihren schwarzen
Haaren, wenn sie ein blondes Mädchen sehen,
werden sie zum Stier.
Taru nahm es auf die leichte Schulter. Einmal im
Leben eine Liebschaft mit einem feurigen Italiener, ist
ein unvergessliches Erlebnis.
„Sei froh, dass es gewesen und sei nicht traurig, dass
es vergangen", war ihr Motto und Leitspruch.
„Faul sind sie auch noch die Italiener", dachte sich
Taru, um sich zu trösten.
Ich suche mir lieber einen Schweden, am liebsten
einen, der einen sicheren Arbeitsplatz bei Volvo hat.
Taru war nämlich verrückt nach Volvo, ihr erster war
ein alter 244er, 12 Jahre alt. Der Ehemann wurde
dann doch kein Schwede, sondern Matti, ein
Finne. Schweden sind in dieser Gegend einfach
selten. Aber immerhin war er Verkäufer im Volvo
Autohaus. Kurz nach der Hochzeit 1977 gab es dann
einen nagelneuen 760er für das lebenslustige Paar
„Sweden' s finest Car", sagte Tarus Ehemann immer
wieder über seinen 760er, aber auch zu den solventen

Kunden. „ I drive Sweden' s finest car and I married Suomi' s most funny girl!"

Leider sprach Tarus Mann dem Schnaps zu und starb mit 80 Jahren an Herzversagen. Er war ein liebenswerter Mensch mit einer langen roten Nase, die im Laufe der Zeit immer länger und knollenartiger wurde.

Ein alter Volvo S 80 steht immer noch vor Tarus Haus, sie wird ihn niemals verkaufen. Er ist die schönste Erinnerung an Matti und seine Seele lebt in diesem Auto weiter. Die Leute spotteten, Taru liebe den Volvo mehr als die Männer, meistens sind sie ja zuverlässiger als Männer, diese alten Schnapsnasen und Casanovas. Matti war zum Glück kein Casanova und zuverlässiger als ein FIAT war er allemal.

Paavos Enkelin Aino lebte auch in der kleinen Stadt Kajaani mit ihrem Ehemann. Paavo spürte, dass weder die Enkelin noch ihr Gatte ihn besonders gerne mochten, sie hielten ihn einfach für altmodisch. Er kaufte sich seit dem Tod seiner Frau keine neuen Kleider mehr, er sah im Fernsehen nur noch alte Filme oder sammelte Beeren und Pilze. Aino spielte an der Konsole gerne die Sims und wenn ihr dies zu langweilig wurde auch mal Assasins Creed, für sie gab es nichts langweiligeres als Beeren sammeln. Taru hatte zur Geburtstagsfeier als Geschenk eine fünf Liter Kanne frische Milch vom Bauern mitgebracht. Was macht ein alter Mann mit fünf Litern Milch. Er wusste ganz genau, dass die Enkelin nur homogenisierte Milch ohne Fettklümpchen mochte. Deshalb schüttete er sie in einen Mixer und bereitete frische Bananen und Erdbeermilch zu. Mit dem Rest setzte er Joghurt an. Früher war das ein Hochgenuss für die Kinder.

Die Urenkelin Lia, fünf Jahre, bekam ein Schälchen frischen Joghurt aus der verbeulten alten Milchkanne serviert. Leider war sie nicht begeistert und reif mäkelnd: „Ich esse nur Danone!"

Enkelin Aino war das furchtbar peinlich, ihr Ehemann war ein einfacher Postbote, sie mussten für ihre Wohnung über 600 Euro Miete bezahlen. Deshalb war ihr ein Kuvert mit 200 Euro, das der alte Paavo meistens mitbrachte der jungen Familie sehr willkommen. Zu Weihnachten gab es sogar fünf grüne Euro Banknoten.

Aino, die Enkelin, liebte die traurigen Geschichten ihres Opas nicht, schlimm genug, wenn die Mutter stirbt und man zu diesem Zeitpunkt gerade 16 Jahre alt ist. Bei Aino verflog die Trauer um die Mutter aber schnell, der Vater war viel unterwegs als Monteur und Aino konnte nach dem Tod ihrer Mutter tun und lassen, was sie wollte, sie konnte und musste mit 16 erwachsen werden.

Sie ging gerne auf Partys und vergnügte sich, bis sie den Postboten kennen lernte. Es wurde geheiratet und das Leben verlief in den gewohnten Bahnen, es passierte nichts aufregendes mehr. Abends lief der Fernseher, das Auto musste abbezahlt werden. In den Ferien reiste man mit dem Flieger nach Spanien oder in die Türkei. Paavo hatte ziemlich viel Geld gespart und hätte seiner Enkelin gerne einen Zuschuss für ein kleines Häuschen am Waldrand gegeben, aber Aino fand das total spießig. Sie gab ihr Geld lieber für Flugreisen in den Süden aus. So kam es manchmal zu langen ergebnislosen Diskussion über das Ersparte des Großvaters.

Besonders peinlich wurde es, als die kleine Lia zu ihrem Uropa sagte: „Die Mama ist aber eine schlechte Erbschleicherin!" Aino wäre am liebten im Boden versunken, aber ihr Opa musste lachen.

Quelle

Der Quelle Katalog für mich schon als Kleinkind das Höchste, ich konnte stundenlang darin blättern.

Alle zwei drei Wochen besuchten wir das Warenhaus in Göggingen. Ich hatte keine besonders glückliche Kindheit, aber die Besuche bei der Quelle gehörten zu den schönsten Ereignissen meiner Kindheit.

Schon die Einfahrt ins Parkhaus war für mich ein Abenteuer. Die Etagen im Parkhaus waren mit Symbolen wie Glücksklee und einem Pilz beschriftet und nicht einfach mit langweiligen: eins, zwei, drei, vier.

Besonders hatte es mir die Elektronikabteilung angetan. Damenbekleidung fand ich nicht so interessant, zumal mir die Models viel zu dünn waren.

Eine Stereoanlage oder ein Farbfernseher kosteten in den 70er Jahren 2000 DM. Mein Vater war damals Amtmann bei der Deutschen Bundespost. Im Telefonbuch stand Helmut Böck technischer Fernmeldeamtmann, was den biederen Begriff Amtmann etwas aufwertete. Ein paar Jahre später wurde er Amtsrat, technischer Fernmeldeamtsrat wohlgemerkt, was sich schon wieder etwas besser anhörte.

Ich war damals zehn Jahre alt, mein Vater verdiente als Amtmann knapp etwas mehr als 2000 Mark im Monat.

Selbst die Anschaffung eines Autoradios für den hart abgesparten weißen Mercedes 200 war eine Riesensache für meinen Vater und mich. Die anderen Mercedesfahrer waren stolz auf ihr Becker Mexiko Radio für 1200 Mark, aber für uns gab es einen von der Quelle für 200 Mark, der hatte nicht einmal Stationstasten. Meine Mutter wollte immer Bayern 1 hören und wir Kinder AFN und B3. Mein Vater drehte ständig am Radio und es rauschte gewaltig.

Ein Mofa kostete 1975 im Quellekatalog 1200 Mark, aber das durfte man erst ab 15 fahren. Fünf Jahre waren für ein Kind ein langer Zeitraum, eine kleine Ewigkeit, was mich aber nicht davon abhielt von motorisierten Fahrzeugen zu träumen.

Mein Vater erzählte mir, dass einer gewissen Grete Schickedanz all das gehöre. Hundert Warenhäusern in ganz Deutschland, ein Wahnsinn! Ich träumte als Zwölfjähriger ernsthaft die 1977 verwitwete Grete zu heiraten, der Gedanke an einen Mercedes 450 SE mit Becker Radio war verlockend.

Den dummen Kindertraum von Grete gab ich aber ganz schnell auf, als ich ein Bild von ihr in der Zeitung sah, ich versteifte mich in meinen einsamen Träumen auf Wencke Myrre und Nadia Comaneci. Allerdings, Gretes Tochter Madeleine fand ich recht attraktiv, sie war leider 1977 schon verheiratet und ein Ehebrecher wollte ich nicht sein, nicht einmal in meiner Kinderphantasie. Da bin ich konsequent im Geiste des Kardinals Ratzinger.

Als Kind dachte ich übrigens, dass sein Name vom Fangen von „Ratzmäusen" herrührt. Nein, seine Vorfahren kommen aus Ratzing.

Im Jakob -Fugger- Gymnasium und der Berufsschule haben wir gelernt: „Wer bürgt wird erwürgt!" Genau das hat Madeleine getan. Vielleicht wäre es besser gewesen, Madeleine hätte sieben Jahre auf mich gewartet und mich als Achtzehnjährigen zum Mann genommen. Hätte sie auf mich und meinen Lehrer Adolf Neumüller gehört, wäre Madeleine heute noch Milliardärin.

Anstatt ihre nichtprofitablen Warenhäuser zu schließen, hatte sie für die Quelle und andere Firmen auf Rat des Bankhauses Oppenheimer gebürgt. Sie ging pleite und muss von Hartz 4 leben. Ich habe für Madeleine mehr Empathie als für Boris Becker. Ich weiß in diesem Augenblick noch nicht warum. Jetzt fällt es mir ein, es ist das Unbewusste, Sigmund Freund lässt schon wieder grüßen.

Aber eine Regel gilt für beide, Boris und Madeleine: Glaube und vertraue nie einem Bank- und Finanzberater. Lese lieber die Zeitung!

Hätte ich einen Knüppel aus dem Sack wie im Märchen, würde ich die Bankberater von Madeleine besonders gerne verprügeln lassen.

Regel zwei: Lebe nie über deinen Verhältnissen

Campingschädlinge

Von Schwarzduschern und heimlichen Bieslern

Vor kurzem besuchte ich einen Campingplatz im Ländle, genauer gesagt im schönen Schwabenländle. Ein grüner Zaun umringte das Gelände und das gefiel den meisten meiner Zeitgenossen recht gut. „A schener Zaun, gell." pflegten sie zu sagen. Man benötigte einen Schlüssel, um zum Ufer des nahegelegenen Sees zu gelangen, einen Schlüssel, um das Klo zu besuchen, sowie einen Schlüssel um den Wasch- und Duschraum zu betreten. Warum wohl, frage ich mich. Haben die Platzbetreiber Angst, dass Toilettenpapier und WC- Steine von Unbefugten gestohlen werden könnten? Möglicherweise. Ich jedenfalls konnte meinen Geldbeutel im unabgeschlossenen Auto liegen lassen und musste nie die Befürchtung hegen, dass irgendetwas gestohlen werden könnte. Es muss also noch einen weiteren Grund geben. Es geht hier hauptsächlich um den Schutz vor den schwäbischen Reisemobilisten einer besonders gefürchteten Touristenart, die zu Ferienzeiten in Massen europaweit einfällt, wie die Heuschrecken zur Zeit des Herrn Jesus Christus. Besonders gefürchtet ist der Hymerianer, er versucht überall zu duschen, wo es nichts kostet. Er duscht dann gewöhnlich eine halbe Stunde und rechnet seiner Familie anschließend vor, dass ihm dies zuhause über fünf Euro kosten würde. Der Hymerianer reist entweder im Mercedes Diesel und noblem Caravan aus Bad Waldsee an oder er kauft sich gleich ein Wohnmobil der gleichnamigen Marke. Die Leute mit den einhunderttausend Mark teuren Wohnmobilen sind überdurchschnittlich häufig unter den Schwarzduschern vertreten und europaweit besonders gefürchtet. Der Hymerianer hat in der Regel entweder auf seinem Häuschen noch eine Hypothek (hymericus pauperus) oder er hat bereits fünf Häusle, möchte aber unbedingt noch ein sechstes oder siebtes haben (hymericus prosperus). Jedenfalls tut alles für seine Familie, vor allem sparen. Schwarzduschen ist für den Hymerianer eine reinliche und ehrenwerte Tätigkeit, ähnlich wie das Schwarzarbeiten, aus dem ein großer Teil seines Wohlstands entstammt.

Das Schwarzduschen ist zudem das letzte große Abenteuer für den Komfortcamper, ein Thrill für Leib und Seele. Im schlimmsten Fall droht eine Anzeige wegen Hausfriedensbruch. Das Recht auf die tägliche Dusche kann ein kluger Advokat im Notfall vor dem Kadi unter Umständen als Menschenrecht verkaufen, denn die Menschenrechte stehen bekanntlich höher als alle anderen Rechte.
Im Übrigen sind 40 Euro für einen Campingplatz, die man sich beim wilden Campen spart, eine beträchtliche Summe, wenn man bedenkt, wie viele Dosen Maggi Ravioli man sich davon bei Lidl kaufen kann. Der Hymerianer ernährt sich nämlich hauptsächlich von Ravioli. Überall vergleicht er diese Preise für dieses Lebensmittel und wenn er die Dose

irgendwo für weniger als zwei Euro entdeckt, schlägt er gnadenlos zu und erwirbt eine halbe Europalette. Ein weiterer Schädling auf Campingplätzen ist der heimliche Biesler.

Eine liberale Einstellung bezüglich des Bieseln besteht in der Natur der Sache liegend bei den Biertrinkern. Vor allem im Mondenschein, wenn alles schläft, tritt er ins Gebüsch und lässt sein Wässerchen ab. Gegen diesen Zeitgenossen ist jegliche Maßnahme zwecklos, es sei denn man würde überall Überwachungskameras installieren. Auch ein Schlüssel schützt da nicht. Aber warum sind dann die Klotüren verschlossen? Animiert dies nicht zum wilden Bieseln?

Allerdings gibt es auch den ehrlichen Biesler, der anständig in die Chemikaltoilette oder Kübel macht und das Abwasser ordnungsgemäß entsorgt.
Der Schlüssel in der Hand macht den ehrlichen Biesler stolz. Jedes Mal, wenn er die Tür aufschließt, wird er sich denken: „Ich bin ein anständiger Mensch." Der Schlüssel in der Hand stärkt so das Selbstbewusstsein des anständigen Bieslers.

Der Klopapierdieb

Doch nun zu der Frage, weshalb man auf vielen Campingtoiletten das Papier mittlerweile selbst mitbringen muss. Schuld daran ist der gemeine und

hinterhältige Klopapierdieb. Dieser windige Zeitgenosse, fühlt sich vom Leben und den anderen Menschen im wahrsten Sinne des Wortes beschissen und versucht deshalb, sich an der Menschheit zu rächen. Immerhin erbringt so ein Papierdiebstahl eine Ersparnis von ca. 40 Cent und ist möglicherweise die Quittung für eine Sozialisation, deren Motto das Sprichwort:
„Wer den Pfennig nicht ehrt, ist des Talers, der Mark, ja nicht einmal des Euros wert!"
(Möglicherweise werde ich das Thema Klopapierdiebstahl als Thema für meine Masterarbeit in Soziologie wählen. Ich freue mich auf jeden Fall schon auf die Feldforschung.)

Der nächtliche Ruhestörer
Den nächtlichen Ruhestörer überkommt typischerweise in den Stunden kurz nach Mitternacht, das Bedürfnis: VfB, Sechzig, schwule Bayernsau oder sonstigen fußballerischen Unsinn zu rufen. „So ein Tag so wunderschön wie heute!" ist die Nationalhymne dieses Flegels, er singt dieses Lied auch wenn der Tag beschissen war, aber der Alkoholpegel die 2,3 Promille übersteigt. Auch das Lied „Wenn das so weiter geht, stehen wir im Alkohol bis an die Knie", belegt einen Spitzenplatz auf der Hitliste des nächtlichen Ruhestörers. Dieser Zeitgenosse macht mit dem Mund um drei Uhr morgens Furzgeräusche und findet dies besonders lustig. Insbesondere der Zeltler ist dem Krawallmacher schutzlos ausgeliefert. Caravaner

haben es da leichter, sie können einfach die Fenster schließen.

Der Kinderschreck

Der Kinderschreck hasst Kinder wie die Pest, weil er als Kind selbst Opfer von massivem Mobbing war. Er betrachtet Kinder stets mit bösem Blick und beschimpft diese mit ordinären Ausdrücken, sofern sie auch nur ein wenig Lärm machen.
Wenn eine Familie mit Kindern zu ihm in die Nähe kommt, beschwert er sich bei der Leitung des Platzes und daraufhin wechselt er auf der Stelle den Standplatz. Dabei macht es ihm nichts aus, ob er in der prallen Sonne oder unter nadelnden Bäumen campiert. Ab und zu rutscht dem Kinderschreck die Hand aus, so dass er ein Kind ins Gesicht schlägt oder ihm einen Fußtritt verpasst. In seltenen Fällen wird der Kinderschreck von den Eltern wegen Körperverletzung angezeigt. Meistens führt das zu keiner Strafe für den Übeltäter. Er beschäftigt jedoch wochenlang Richter, Staatsanwalt und mindestens zwei Advokaten. Die Verfahrenskosten betragen deshalb oft das dreifache eines Luxusurlaubes in der Südsee. Für dieses Geld hätte man sich locker einen Wohnwagen mit sieben Meter Länge kaufen können.

Der Müllanarchist

Dass es in Bayern die Mahlzeit und die Brotzeit seit vielen Jahren gibt, dürfte wohl allgemein bekannt sein. Aber was ist die Müllzeit bitte? Diese durfte ich im Sommer dieses Jahres auf einem Luxus Campingplatz im Paartal kennen lernen. Ich spazierte gegen halb zehn Uhr vormittags mit einem Körbchen Abfall hinunter zu den großen Müllcontainern und fand diese mit einem Markschloss verriegelt vor. „Ja, wissen Sie denn nicht wann Müllzeit ist?" fuhr mich die Campingplatzbesitzerin barsch an.

„Nein!" antwortete ich. „Müllzeit ist jeden Tag von zehn bis halb elf und von 18 bis 18.30 Uhr. Haben Sie das Faltblatt mit der Campingordnung nicht gelesen?"

Mein erster Gedanke war: Du blöde Sau! Doch dann kam der Vernunftmensch in mir wieder zum Zuge und ich dachte mir: Normen stärken die Kohäsion eines Sozialsystem und das ist auch gut so!

Der Deutsche fühlt sich nämlich nur sicher und geborgen, wenn es eine Autorität gibt, die ihm sagt, was er zu einer bestimmten Zeit zu tun hat.

Geschwollen heißt dies strukturierter Tag. Sofern ein typischer Deutscher keinen strukturierten Tag vorfindet, wird er depressiv. Dies haben promovierte Wissenschaftler herausgefunden.

Ich akzeptierte daraufhin die Müllzeitverordnung und verteilte meinen Abfall eine halbe Stunde später in die Container.

Die Mülltrennung dient übrigens ebenso wenig dem

Umweltschutz, wie die Regenmacherzeremonie der Herbeiführung des Regens, sondern sie dient einzig und alleine der Kohäsion des Sozialsystems.

Soziologen, die sich dem Funktionalismus verschrieben haben, nennen dies „latente Funktion", im Gegensatz zur manifesten Funktion. Beispiel für eine manifeste Funktion wäre, dass der Urlaub der Erholung dienen sollte.

Aber so ein Deutscher braucht nicht nur Müllzeit und Mülltrennung, er muss manchmal die Sau herauslassen. Dafür wurde auf einigen Campingplätzen einmal im Jahr die Krawallnacht, offiziell Aufhebung der Ruhezeiten genannt, eingeführt. Das heißt, man darf bis 3 Uhr morgens herumbrüllen. Und so wird nach ein paar Gläsern Bier der sanfteste zum Schreihals.

Um die Kohäsion der Gesellschaft auf Campingplätzen zu stärken, habe ich folgenden Vorschlag, wir könnten neben der Müllzeit noch zusätzlich die Fußnägelschneidezeit und die Mercedesstern und die BMW -Emblem Polierzeit einführen.

Der Fußpilz und Bakterien- Phobiker.

Er vermutet überall ansteckende Krankheiten und hat furchtbare Angst um das Wohl seiner Kinder. Er produziert mit dem Wasserkocher jeden Tag mindestens 100 Liter heiß sprudelndes Wasser, was den Stromverbrauch in immense Höhen treibt. Jede Tasse und jeder Teller wird täglich mindesten dreimal täglich gespült und mit speziellen Tüchern poliert. In den Waschräumen herrschen eine Stimmung und ein Geruch wie auf der Intensivstation, weil alles nach Desinfektionsmittel riecht.
Landwirtschaft

Der junge und der alte Bauer

Der junge Bauer macht voll auf Öko und Natur
Doch der alte Bauer, der ist furchtbar stur
Bua, Du bisch a biesel bleder Knilch
Hauptsach s Rindviech gibt an Haufen Milch
Mach doch net immer so a Gfrett´
Hauptsach, d Sau die wird ganz schnell fett
Hauptsach, unsre Kartoffel werden groß
Denn die bringen uns am meisten Moos
Kommt die studierte Karen auf den Hof
Die find der alte Bauer aber richtig doof
Ihr Spezialgebiet ist die Ökotrophologie
Schluss auf dem Feld mit der Chemie

Sie weiß alles über Glyphosat und das Methan
Aber nicht mal einen Besen richtig halten kann
Das Madl hat sogar Angst vor einem Schaf
Das raubt dem alten Bauern seinen Schlaf
Sie ekelt sich sogar am Hühner- und am Hasenmist
wen wunderts, wenn man von Haunstetten ist
im Saustall wird's ihr furchtbar schlecht
dafür kennt sie ein Gedicht von Brecht
Bulldog fahren gelingt ihr leider nicht
Und bei fettem Fleisch übt sie Verzicht
Bua, was willsch denn mit dem Madl
Die jag mer morgen aus dem Stadl.
Die Karen spricht: Wollen wir was erben
Muss der alte Bauer ganz schnell sterben
Wollen wir auf Reichtum nicht verzichten
Müssen wir den Alten einfach nur vergiften

Wir planen ein hinterlistiges Komplott
E 605 kommt ins Heidelbeerkompott
Doch die Karen ist eine nervöse Schussel
verwechselt vor Aufregung die Schüssel
Minuten später ist sie mausetot
Ihr Partner wird im Gesicht ganz rot
Wochen später nimmt er die Veronika von nebenan
Und verfolgt konsequent den Ökobauernplan
Die Vroni ist eine echte Bauersfrau
Wird fertig mit a jeder wilden Sau
Ihre Biokartoffeln schmecken nicht nur dem jungen
Bauern
Um die Kerstin muss er wirklich nicht mehr trauern
Auch der der Alte ist begeistert
Wie die Vroni das so meistert
Auf den Feldern liegt nun nicht mehr Glyphosat
Sondern eine ganz besondere Dinkelsaat
Auch das Gemüse schmeckt ist lecker und voll Bio
Zum Dank gibt's vom Alten einen Renault Clio

Kleine Psychologie des Augsburgers

Die Mehrheit der Augsburger ist in die Gruppe der Siache einzuordnen, von welchen die grantigen Siache wiederum die Mehrheit ausmachen.

Das heißt der typische Augsburger ist ein grantiger Siach.

Der grantige Siach

Der grantige oder eate Siach ist ein stets übellauniger und mürrischer Mensch, der selten lacht und sich in diesem seltenen Fall bevorzugt im Keller aufhält. Missfallen äußert er mit der Bemerkung: „A baar an d` Ohra hi". Starkes Missfallen sogar mit der Äußerung: „I hau dir oine in d` Gosch nei!" Zu den angedrohten Gewalttätigkeiten kommt es aber in der Praxis höchst selten.
Der grantige Siach ist nämlich ein pflichtbewusster und besorgter Mensch und neigt eher zu pedantischem Verhalten. Inventurdifferenzen von mehr als 10 Mark oder seit dem Jahre 2002 von 5,21 Euro sorgen beim grantigen Siach für schlaflose Nächte. Abweichungen von mehr als fünf µmetern beim Feilen, Drehen oder Fräsen potenzieren die Grantigkeit des gleichnamigen Siachs ebenso stark wie ein verlorenes Spiel der Augsburger Panther oder des FCA. Für den grantigen Siach ist jedes weibliche Wesen ein Mensch, ein Saumensch oder gar ein

dreckiges Saumensch. Die Vokabel Dreck... wird in jedem dritten Satz stereotyp verwendet ebenso wie die Wörter Kruzifix und Scheiß....
Allgemein kann man sagen, dass der grantige Siach sein zumeist grau oder schwarz metallic lackiertes Auto mehr liebt als sich selbst

Der verzogene oder empfindliche Siach

Der verzogene Siach ist ein sensibler empfindsamer Mensch, der unter mindestens drei Lebensmittelallergien und sieben Blütenpollenallergien leidet. Er friert sogar an lauen Sommertagen und trägt Angoraunterwäsche, sofern er dagegen nicht allergisch ist. Er benötigt außerdem eine Zahnbürste der Spezifikation sensitiv. Der verzogene Siach bekommt zu seinem 18. Geburtstag vom Opa ein fabrikneues Auto geschenkt, das er von seinen Eltern waschen lässt. Die Berührung einer Schaufel fügt dem verzogenen Siach nicht nur körperlichen Schmerz an den Handballen zu, sondern stößt ihn in tiefe Angst- und Depressionszustände. In Berufen wie Modedesign oder Psychotherapie kann der verzogene Siach allerdings überdurchschnittliches leisten.

Der liadrige Siach

Das größte Problem des liadrigen Siachs kann man mit sechs Buchstaben exakt bezeichnen, es lautet „Arbeit". Jeder gut oder auch schlecht gemeinte Vermittlungsversuch des Arbeitsberater scheitert zwangsläufig an der Persönlichkeitsstruktur des liadrigen Siachs. Sein größter Feind ist der Präsident der Augsburger Arbeitsamtes, den er seinerseits für einen besonders grantigen Siach hält.
Der liadrige Siach schafft es mit den Leistungen nach dem Bundessozialhilfegesetzes (Sozikohle) einigermaßen glücklich zu leben, neigt zu Alkohol und Drogenmissbrauch und bereicherte den Harlekin Spielhallenbesitzer Peter Eiba beharrlich. Eine hohe Frequenz bezüglich Liebesbeziehungen gehört zum Alltag des liadrigen Siach ebenso wie morgendliches Erbrechen und abendliche Hochstimmung.

Der hinterfotzige Siach

Er trägt ständig ein Lächeln auf den Lippen und verkauft damit nutzlose Versicherungen, er verspricht als Anlageberater Renditen von 20% und setzt sich mit ihrer Einlage in die Karibik ab.
Er will alles peinlich genau wissen, nutzt jede Schwäche aus und spinnt Intrigen. Er kommt im Beruf schnell vorwärts und ist häufig in der Chefetage etabliert.

Der scheinheilige Siach

Er ist unter Umständen in Berufen der katholischen Kirche gut aufgehoben. Er verkündet für ein A 16 Gehalt die Lehre von der Unfehlbarkeit des Heiligen Vaters, glaubt sie jedoch selbst nicht. Sein Gehalt verprasst er im Urlaub in Bordellen oder belästigt auf den Philippinen zarte Knaben. Er predigt von Sanftmut und Liebe, lässt sich aber von schwarz gekleideten Dominas auspeitschen. Aufsässigen Schülern würgt er die Note sechs im Fach Religion" hinein.

Der gschlampete Siach

Er ist deutlich am nach oben gestülpten Polohemd- oder Mantelkragen zu erkennen. In seinem Auto, das er lediglich vom Regen waschen lässt, sammeln sich McDonaldstüten der vergangenen drei Jahre. Der gschlampete Siach hasst Duschgel und Rasierapparate und hat auf dem Arbeitsmarkt trotz guten Willens schlechte Chancen.

Der Schuttler

Er ist eine Abart des württembergischen Schaffers. Er ist bereits um sechs Uhr morgens gut gelaunt und freut sich auf seine Arbeit. Nach Dienstschluss baut er sich ein Eigenheim mit aufwendiger Fußbodenheizung, Kloschüsseln und Badewannen von Villeroy und Boch und selbst designten Einbauküchen. Der Schuttler ist allerdings sehr intolerant bezüglich aller anderen Personengruppen und meint sein Weg sei der allein selig machende.
 In den seltenen Augenblicken, in denen der Schuttler nichts zu tun hat, etwa im hart abgesparten Urlaub in Bibione, wechselt er in das Verhaltensmuster des grantigen Siachs. Dieser verdrießliche Zustand dauert allerdings beim Schuttler nicht lange. Er schreibt dann im Urlaub Beschwerdebriefe und muss feststellen, dass er dies nicht so gut kann wie den Umgang mit Kelle und Mörtel, aber er hat immerhin etwas zu tun. So beschließt er im nächsten Jahr nicht mehr zu verreisen, sondern irgendeinem Cousin oder Freund für das sprichwörtliche Butterbrot beim Hausbau zu helfen.

Der Letschenbeppi

Der Letschenbeppi ist ein ruhiger Mensch, der sich kaum freuen kann, aber auch nicht sonderlich unter seiner Persönlichkeitsstruktur leidet. Er geht täglich um 9 Uhr schlafen und träumt aufregende Dinge, die er dann untertags verarbeiten muß. Der Letschenbeppi hasst Vergnügungen und Veränderungen jeglicher Art. Seine Stärke liegt im Verwaltungsbereich. Seine Arbeitsweise ist langsam aber sorgfältig. Er gilt allgemein als Langweiler ist aber durchaus beliebt.
Der Letschenbeppi hat ein wichtigen sozialpolitischen Fragen, wie der Rentenreform oder der Asylpolitik die Meinungen: „Des isch mir wurscht" und „Des isch mir scheiß egal." Konflikten geht er konsequent aus dem Weg und beendet sie lakonisch mit den Worten: A, leck mi doch am Arsch"

Der Riaselnunterhänger

Der Riaselnunterhänger zieht sich in der Freizeit zurück ins stille Kämmerchen und hört alte Platten von Roy Black. Dabei weint er auf jedem Auge mindestens 7 Tränen, am Todestag von Roy Black sind es gar 14 Tränen.
Er ist ein tief trauriger Mensch und muss dringend mit Serotoninwiederaufnahmehemmern behandelt

werden, ansonsten besteht akute Lebensgefahr durch Suizid.

Der Gscheidmeier

Er weiß über Einkommenssteuerprogressionvorbehalt ebenso Bescheid wie über die Völkerwanderung von Zimbern und Teutonen oder die Common Rail Einspritztechnik von Daimler Benz. Er kennt die günstigsten Internetprovider und die katastrophalsten Autowerkstätten östlich und westlich des Lechs. Er kann seine Bildung bestens präsentieren und ist rhetorisch geschickt wie Gerhard Schröder.
Er kann allerdings weder einen Nagel in die Wand hauen noch einen Reifen wechseln und benötigt beim Fliesenlegen die Hilfe von drei grantigen Siachen, denen er eine Brotzeit ausgibt. Diese Siache benötigen ihrerseits den Rat des Gescheidmeiers in Rechtsfragen, etwa wenn ihr grau- oder schwarz mettalic lackiertes Auto von einem Hund angebieselt wird oder der Rasenmäher des Nachbars zu laut dröhnt.

Das lustige Haus

Es ist unter den Augsburgern höchst selten zu finden und wird aus dem Rheinland oder aus Italien importiert. Dennoch gibt es einige wenige Augsburger, die fröhlich sind, was unter den hier herrschenden Sozialisationsbedingungen für die Wissenschaft ein ungelöstes Geheimnis ist. Man

vermutet, dass dafür eine semipermeable Membran im Gehirn des lustigen Augsburgers vorhanden ist, die den täglichen Grand, dem er tagtäglich begegnet, filtert. Das lustige Haus übt Führungspositionen in der Hollaria oder Perlachia aus und ist humorvoll wie zum Beispiel der Auktionator Georg Rehm.
Den meisten Augsburgern geht der Fasching am Arsch vorbei. Einen Faschingszug gibt es in Augsburgs Innenstadt deshalb schon lange nicht mehr. Der Augsburger betrachtet den Faschingsumzug in Gersthofen mit einer Mine, als würde es sich um das Begräbnis eines sozialistischen Staatschefs handeln.

Kleine Psychologie der **Augsburgerin**

Der Augsburger ist mit Ausnahme des Gscheidmeiers eher wortkarg und verschlossen, Redseligkeit wird in hiesigen Gefilden definitiv dem weiblichen Geschlecht zugeschrieben. Das weibliche Gegenstück zum Siach ist übrigens „das" Mensch. Es gibt in Augsburg zum Bleistift das liadrige oder hinterfotzige Mensch oder verzogene Mensch. Vorsicht, alle diese Bezeichnungen stellen eine schwere Beleidigung dar und dürfen den entsprechenden Personen niemals „ins Gesicht" gesagt werden.

Die Gschnappige

Bei ihr vermischen sich südländischer Charme und Lebensfreude mit preußischer Aufdringlichkeit und Wichtigtuerei. Die Gschnappige arbeitet vorwiegend als Avonberaterin oder Modeverkäuferin und wird dabei leicht überlästig. Sie ist mit einem überdurchschnittlichen Tatendrang ausgestattet und geht ihrem Ehemann daher häufig auf die Nerven. Allerdings kommt sie bei fremden Männern gut an, sie ist daher für eifersüchtige Männer und Letschenbeppis kaum geeignet.

Die Ratschkattel

Sie weiß immer als erste, wenn jemand ein Baby bekommt oder an Krebs erkrankt ist. Sie weiß über die Qualität der Ehe von Königin Siliva von Schweden ebenso viel, wie über die der Haberkorns von der Schackstraße oder die der Hafners von der Yorkstraße.

Die Raffel

Sie ist ein ungehobeltes, häufig verbal aggressives Weib. Sie benimmt sich in der Öffentlichkeit gerne wie Stefan Effenberg auf dem Fußballplatz. Sie liebt Boxkämpfe im Fernsehen und verprügelt nicht selten ihren Ehemann. Sie könnte die weiße Halbschwester von Mike Tyson sein. Sehr häufig aber beschützt und unterstützt sie erfolgreich ihren Gatten, etwa bei Reklamationen im Media Markt. Erfolgreich wehrt sie Angriffe von Schiachperchten in Tirol oder Hooligans vor dem Curt Frenzel Stadion ab.

Zu ihrer Höchstform läuft die Raffel auf, wenn es um ihren finanziellen Vorteil geht, Erbstreitigkeiten gewinnt sie fast immer, auch ohne juristische Kenntnisse.

Der Hepfen oder Hafen

Beim Hepfen oder Hafen handelt es sich trotz des maskulinen Artikels und ein weibliches Wesen, möglicherweise deshalb, weil die Klassifizierung unter den Begriff „schönes Geschlecht" beim Hepfen sehr schwerfällt. Der Hepfen ist das Gegenteil von Heidi Klum, er ist eher ist die süddeutsche Ausgabe von Angela Merkel. Der Hepfen ist zudem auch das Gegenstück zum hässlichen Entlein, das heißt, er wird von Jahr zu Jahr unattraktiver. Leider werden Frauen immer noch sehr häufig aufgrund ihrer äußeren Erscheinung bewertet. Daher muss der Hepfen einiges kompensieren und kommt aufgrund von Ehrgeiz und Engagement in Wirtschaft und Politik sehr gut vorwärts.

Der alte Schraubendampfer

Der alte Schraubendampfer trifft sich mit ihren Freundinnen aus der gleichen Flotte häufig im Cafe Eber oder Euringer. Er trägt auffällige Ringe und protzige Colliers. Der alte Schraubendampfer schreckt nicht davor zurück, für diverse Tag- und Nachcremes dreistellige Eurobeträge auf den Ladentisch zu legen. Für Schuhe und Handtaschen investiert er sogar vierstellige Beträge.

Der alte Schraubendampfer ist meistens Gattin von erfolgreichen Handwerksmeistern und übernimmt die Buchführung im eigenen Betrieb, daher steht für oben erwähnte Ausgaben jede Menge Schwarzgeld zu Verfügung.

Der aufgstellte Mausbolla

Der aufgstellte Mausbolla erreicht eine maximale Körpergröße von 160 cm. Er steckt allerdings voller Energie, die der ehemaligen DDR ausgereicht hätte, drei Industriekombinate oder zwölf Friseursalons zu leiten. Im westlichen Wirtschaftssystem wird der aufgstellte Mausbolla allerdings weniger ernst genommen, da er Schwierigkeiten hat, sich gegen Persönlichkeiten wie Jürgen Schrempp durchzusetzen. Auch an der fachlichen Qualifikation fehlt es dem aufgstellten Mausbollen häufig, die jedoch durch Aktionismus bestens kompensiert wird.

Die kittrige Gois

Ihr durchschnittliches Alter liegt bei 13,7 Jahren. Sie beginnt bei Wörtern, die im Entferntesten etwas mit Sexualität zu tun haben könnten, etwa wie Wurst oder Pariser, ausgiebig zu kichern.
Sie schwärmt für Justin Bieber oder Leonardo di Caprio und neigt bei Großveranstaltungen zu Ohnmachtsanfällen. In der Schule sind ihre Leistungen bodenlos, da sie während der Mathestunde Pferdebildchen anschaut oder während der Englischstunde Liebesbriefe schreibt.

Die kleine Psychologie der Augsburgerin mit Niveau

Die angeschmierte Porscheprotzn

Bei der künstlerischen Gestaltung ihrer Visage verwendet die Angeschmierte im Laufe eines Jahres so viel bunte Farbe wie der Malermeister Steck für die Renovierung einer Häuserzeile in Oberhausen Nord. Allerdings führt die redliche Arbeit des Malermeisters und seiner Gesellen zu einer Verschönerung des Stadtbildes, was bei der Angeschmierten nicht unbedingt der Fall ist. Aber der Geschmack ist ja verschieden und der Mann ist bekanntlich nicht nur ein Eroberer, sondern auch ein Erforscher.

Deshalb findet die Angeschmierte recht leicht einen Partner, vor allem, weil die Männer neugierig sind, was sich unterhalb der Kosmetika befindet.

Die potentiellen Lebenspartner der Angeschmierten rekrutieren sich aus einem ausgesprochen kleinen Pool. Der Angebetete muss unbedingt einen Porsche fahren, keinen Mercedes, das ist ihr zu opamäßig, ein BMW ist ihr zu russenmäßig, ein Audi zu spießig und eine Corvette ist zu zuhältermäßig. In Autofragen hat sie ganz konkrete Vorstellungen: „Wer Geld hat, soll es auch zeigen." Leider haben die Freunde der Angeschmierten fast immer mehr Schulden als Vermögen. Folge dessen fällt die Angeschmierte häufig auf die Nase, weil das Automobil aus

Zuffenhausen innerhalb von wenigen Tagen vom Gerichtsvollzieher einer Versteigerung zugeführt wird. Die angeschmierte Porscheprotzn ist aber ein Stehaufmännchen oder besser gesagt Weibchen. Sie sucht sich immer wieder Porschefahrer und zwar solange, bis sie einen menschenscheuen, ängstlichen, vom Vater tyrannisierten Unternehmenserben findet, der beträchtliche Aktivposten vorzuweisen hat. Es gibt eine Traumhochzeit. Endlich hat die Porscheprotzn nicht nur Geld für einen 911er, sondern auch die Mittel für einen Cayenne und einen Boxster.

Nun kann sie stundenlang die Maxstraße auf und ab fahren und falsch parken, während ihr Gatte zuhause einsam im Internet surft und das Unternehmen von einem tüchtigen Geschäftsführer erfolgreich geleitet wird. VWN: 99%

Die eben beschriebene Frau erzielt hier den Höchstwert, denn ohne Konsum funktioniert die Wirtschaft nicht.

Die dunkelrote Sozizupfl

Immer wenn Leckerbissen wie Garnelen oder ein argentinisches Steak auf den Tisch kommen, fällt die Bemerkung, dass die Kleinrentnerin, deren verstorbener Gatte 30 Jahre als Montagehelfer gearbeitet und einbezahlt hat, sich das nicht leisten kann. Sie prangert die Ungerechtigkeit in Deutschland an und ist dabei fürchterlich selbstgerecht. Sie kann genau belegen, warum der ALG 2 Satz genau 407 Euro und nicht 395 Euro betragen soll. Wenn sie mit Herrn Doktor Klöbner in der Badewanne sitzt, wird es allerdings noch lustiger als mit Herrn Müller Lüdenscheid. Die dunkelrote Sozizupfl beanstandet nämlich nicht nur die hygienischen Verhältnisse in Europa, sondern auch, dass Badeenten von Kindern in Asien zu Spottlöhnen hergestellt werden. Sie ist überzeugt davon, dass Seife und Duschgel an Hartz 4 Empfänger kostenlos ausgegeben müssten und dafür die Tabaksteuer steigen solle.

Die wasserscheue Sozizupfl

Das Verhalten der Sozizupfln untereinander ist so unterschiedlich wie das der verschiedenen Wühlmausarten. Die wasserscheue Sozizupfl beteiligt sich besonders gerne an Demonstrationen gegen die Bankenmacht und campiert wochenlang ohne Dusche auf Wiesen. Sie schläft manchmal in besetzten Häusern und ernährt sich aus dem Abfallcontainer der Lebensmitteldiscounter. Besonders gerne trägt sie Pullover, die die Großmutter vor Jahrzehnten gestrickt hat.

Man erkennt diese Abart der Sozizupfl in öffentlichen Verkehrsmitteln auch am Geruch. In olfaktorischer Hinsicht wirkt sie sehr authentisch. Sie riecht nach dem, was sie ist, nämlich ein Mensch. Sie stammt meistens aus kleinbürgerlichen Verhältnissen und wurde von der Mutter zu häufig gebadet und mit Sakrotan desinfiziert.

Die überstudierte Ökozupfl

Sie kennt sich besonders gut mit normativen Strukturen der Aborigines oder archaischer Indianerstämme aus, legt aber eine CD selbst zwanzig Jahre nach der Erfindung des dazu passenden Gerätes beharrlich mit der silbrigen Seite nach oben ein und wundert sich, warum die Scheibe nicht läuft.

Sie fällt in Ohnmacht, wenn sie Berichte aus dem Schlachthof sieht und beschert Alnatura beste Umsätze. Sie ist auf Gemüseaufläufe spezialisiert und würde am liebsten den Haushund zum Vegetarier erziehen, was ihr aber leider nicht gelingt. Dies hat zur Folge, dass der Haushund Fleisch und Wurst von Edeka verschmäht und nur noch das bei Reiter erworbene frisst. In Ausnahmen vertilgt der Hund auch Pedigree und Cesar, wobei er auf Abwechslung achtet. Zweimal Schwein hintereinander geht gar nicht.

Die Ökozupfl führt einen Feldzug gegen das Rauchen von Zigaretten, benutzt aber zu spiritualistischen Zwecken Räucherstäbchen aus Hinterhindurajestan, die zehn Mal so viel Benzpyren wie eine Schachtel Lucky Strike enthalten. Einparken und Fahren auf der Autobahn stellt für die Ökozupfl ein großes Problem dar, obwohl sie seit Jahren den Führerschein besitzt. Sie fährt eigentlich nur, wenn der Ehemann vom Wein aus biologischem Anbau betrunken ist. Sobald das Heimgrundstück erreicht ist, fährt der Ehemann die letzten fünf Meter in die Garage.

Sie kauft Obst nur dann, wenn es runzlig und dreimal so teuer wie normal ist und hält dies für einen Hinweis auf rein biologischen Landbau.

Die Psychotante

Immer wenn es in launiger Runde nach dem ersten Weizen lustig wird, möchte sie unbedingt die Kindheit aller am Tische sitzenden aufarbeiten. Leuten, die täglich die Tagesschau sehen, diagnostiziert sie eine Zwangserkrankung. Männern, die samstags Fußball sehen wollen, bescheinigt sie Infantilität. Sie interpretiert jede Handbewegung. Wenn sich jemand an der Nase reibt, stellt sie Verlegenheit fest und kommt gar nicht auf den Gedanken, dass es den Betreffenden einfach an der Nase juckt. Sie weiß, was Perturbation im Konzept des radikalen Konstruktivismus bedeutet, findet im Haushalt Besen und Schöpflöffel erst nach einer halben Stunde, obwohl sie davon mehrere Exemplare besitzt. Sie kennt einen Psychotherapeuten, der angeblich Neurosen heilen kann, in Wirklichkeit aber das Bankkonto plündert. Diese Tatsache verdrängt sie aber nach den Freudschen Gesetzmäßigkeiten und ist überzeugt, dass Geld nicht glücklich macht.

Die Exotin vom Rudolf- Diesel Polytechnikum

Sie ist die einzige Absolventin der hiesigen Fachhochschule für Maschinenbau, die die Note 1,0 erhalten hat.

Sie baut Motoren in kürzester Zeit auseinander und wieder zusammen und verspürt beim Einbau einer Zylinderkopfdichtung ein Lustgefühl, wie es sonst nur eine Mutter beim Säugen des Babys verspürt.

Sie bekommt aber Panikattacken, wenn sie einen Menschen grüßen muss und macht daher einen kleinen Umweg, wenn der Nachbar in Sichtweite ist. In Psychotests erreicht sie einen EQ von höchstens 20%. Sie kennt die Integral- und Differenzialrechnung, hat aber Probleme mit der Friseurin einen Small Talk zu führen.

Inhalt

Gedichte von Eeva Karabay

Heitere Geschichten